入門 시리즈

柔道

일신서적출판사

머리말

　일본 전래의 격투기인 갖가지 유술(柔術)을 집대성하는 형태로 가노 지고로(嘉納治五郞) 사범이 「고토칸 유도(講道館 柔道)」를 창설한 것은 지금부터 130여년 전인 1882년이었습니다. 시대는 바야흐로 메이지 유신을 거쳐서 일본의 근대화 작업이 한창이던 때로, 가노 사범은 사라져 가던 유술에서 그 장점을 찾아내어 합리적이고 교육적으로 유도를 집대성하였던 것입니다.

　그 이래 오늘날 유도는 세계적으로 사랑받는 운동이 되었으며 아시안 게임이나 세계 선수권대회, 올림픽 대회의 정식 종목으로 채택되어 유도에 대한 열기가 더욱 높아지고 있습니다. 이제 경기 인구나 인기도에서 유도는 그야 말로 '세계의 스포츠'라고 해도 좋을 것입니다.

　유도가 이처럼 세계인의 사랑을 받게 되었다는 것은 반가운 일이지만 시합에 이기기 위하여 너무 서두른 나머지 유도의 기본을 소홀히 하거나 무리한 연습으로 건강을 해친다면 유도 본래의 자세가 아닙니다. '건전한 정신을 바탕으로 기본을 착실하게 익히고 스스로 연구하는 자세'가 중요합니다.

　이 입문서가 유도를 배우려는 청소년들, 그리고 유도를 이해하고자 하는 사람들에게 도움이 되고, 유도의 보급, 발전에 도움이 되었으면 합니다.

入門 시리즈 차례

01. 들어가기 전에 / 9

1. 유도를 배우려는 여러분께 / 11
2. 숙달하는 비결은 있는가? / 12
3. 목표를 세우자 / 13
4. 노력의 가치 / 15
5. 문무양도(文武兩道)에서 노력을 / 16
6. 국제적 우정의 사슬 / 17

02. 기본동작 / 19

1. 기본동작이란? / 21
2. 유도의 기술 / 21
3. 유도복 / 22
4. 유도에서의 예법 / 24
5. 자세(자연체와 자호체) / 26
6. 맞잡기 / 27
7. 이동(進退)에 대하여 / 30
8. 기울이기 / 31
9. 몸쓰기 / 32
10. 기울이기와 몸쓰기(만들기, 걸기) / 32
11. 낙법(落法) / 33

03. 유도의 연습법 / 45

1. 유도의 기술연습 / 47
 ⑴ 형(形) / 47
 ⑵ 대련(對鍊) / 49
2. 메치기(기초연습, 반복연습) / 50
 ⑴ 혼자서 한다 / 51
 ⑵ 둘이서 한다 / 53

入門 시리즈
차례

　⑶셋이서 한다 / 61
　⑷메치기 / 63
3. 체력 트레이닝 / 63
　⑴강해지기 위해서 필요한 체력 / 63
　⑵자기의 체력을 알아두자 / 64
　⑶유도선수의 체형 / 67
　⑷체력 트레이닝 방법 / 67
4. 연습계획을 세우는 법 / 74

04. 메치기 / 77

1. 손기술 / 79
　⑴빗당겨치기 / 79
　⑵한팔업어치기 / 81
　⑶양손업어치기 / 85
2. 허리기술 / 87
　⑴허리껴치기 / 87
　⑵허리후리기 / 89
　⑶히리채기 / 92
　⑷소매들어허리채기 / 93
　⑸허리튀기 / 95
3. 발기술 / 96
　⑴나오는발치기 / 97
　⑵모두걸기 / 98
　⑶발목받치기 / 100
　⑷안뒤축후리기 / 102
　⑸안다리후리기 / 104
　⑹발뒤축후리기 / 106
　⑺발다리후리기 / 108

入門 시리즈 차례

　(8)허벅다리후리기 / 109
4. 누우면서 하는 메치기기술 / 111
　(1)배대뒤치기 / 112
　(2)끌어누우며뒤집기 A / 113
　(3)끌어누우며뒤집기 B / 114
5. 기타 중요한 메치기 기술 / 115
6. 메치기의 중요한 방어법 / 116

05. 굳히기 / 121

1. 굳히기의 기본동작 / 123
　(1)자세 / 123
　(2)공격의 기본자세 / 124
　(3)몸놀림 / 126
　　※ 굳히기의 공격과 방어-① / 130
2. 누르기 / 132
　(1)곁누르기 /132
　(2)고쳐곁누르기 / 133
　(3)뒤곁누르기 / 135
　(4)어깨누르기 / 135
　(5)위누르기 / 136
　(6)위고쳐누르기 /137
　　※ 굳히기의 공격과 방어-② / 142
　(7)가로누르기 / 143
　　※ 굳히기의 공격과 방어-③ / 146
　(8)세로누르기 / 152
3. 조르기 / 155
　(1)안아조르기 / 156
　(2)맨손조르기 / 158

入門 시리즈
차례

　　〔3〕죽지걸어조르기 / 159
　　〔4〕십자조르기 / 160
　4. 꺾기 / 163
　　〔1〕팔얽어비틀기 / 163
　　〔2〕팔가로누워꺾기 / 164
　　〔3〕그밖에 주요한 꺾기 / 165

06. 연결기술 / 167

　1. 메치기 → 메치기 / 169
　　〔1〕자기의 기술 → 자기의 기술 / 169
　　〔2〕상대방의 기술 → 자기의 기술 / 176
　2. 메치기 → 굳히기 / 179
　　〔1〕자기의 기술 → 자기의 기술 / 179
　　〔2〕상대방의 기술 → 자기의 기술 / 183
　3. 굳히기 → 굳히기 / 184
　　〔1〕자기의 기술 → 자기의 기술 / 185
　　〔2〕상대방의 기술 → 자기의 기술 / 188

　[부록]
　　〔1〕유도기술의 분류 / 190
　　〔2〕유도기술 용어 / 191
　　〔3〕한일유도용어 대비표 / 194

들어가기 전에

유도는 서로 맞잡고 상대방을 메꽂거나 꺾거나 승부를 겨루는 운동인데 그 연습의 목적은 승부와 운동 그리고 심신을 단련해서 정신적으로도 의젓해지는 것(수련)입니다. 유도를 연습할 때는 괴롭고 힘들기도 하지만, 좌절하지 않고 연습을 꾸준히 하면 이 3요소가 몸에 붙게 됩니다.

Part 01

유도의 정신이란?

 앞으로 유도를 배우려는 여러분은 도대체 어떤 동기로 유도를 배우려고 생각했을까요? 그때까지 일본에 전래해오던 유술(柔術)을 집대성하는 형태로 고토캉 유도(講道館 柔道)를 창설한 인물은 가노 지고로 (嘉納治五郎) 선생이었습니다. 선생은 키가 작아서 학교에 다닐 때 키가 큰 아이들에게 시달림을 많이 당했는데, 유도를 배워서 괴롭힘을 당하지 말아야겠다고 생각한 것이 계기가 되었다고 합니다. 또 이와는 반대로 키가 크고 장난꾸러기였던 어떤 학생은 유도를 배우면 장난도 덜 하는 아이가 되지 않을까 해서 아버지가 유도장으로 데리고 가서 유도를 하게 되었다고 합니다. 저는 유도를 배우기 시작한 것이 중학생이었을 때였는데 그것은 유도를 하는 형님의 영향이었습니다.

 그밖에도 유도를 시작한 동기가 친구의 권유로 하게 되었다든가 학교에서 체육시간에 배웠다는 사람 등 여러 가지이겠지만 아무튼 유도복을 입게 되면 빨리 배워야겠다거나 남보다 강해져야겠다고 바라는 것은 누구나 다 그럴 것입니다.

 유도는 서로 맞잡고 상대방을 메치고, 누르고, 조르고, 꺾음으로써 승부를 겨루는 운동인데 그 연습의 목적은 '승부·운동·수련'의 세 가시라고 하겠습니다. 즉, 기술을 연마해서 강해지는 것(승부), 신체를 단련해서 건강해지는 것(운동), 심신을 단련해서 정신적으로도 의젓해지는 것(수련)입니다. 유도를 연습할 때는 괴롭고 힘들기도 하지만, 좌절하지 않고 연습을 꾸준히 하면 이 3요소가 몸에 붙게 됩니다.

 유도를 시작하는 동기와 유도가 갖고 있는 목적(특성)을 먼저 언급하는 것은 사람에 따라서 갖가지 동기에서 유도를 시작하겠지만 유도가 갖고 있는 이 목적(특성)을 자각하여 연습의 성과를 자기의 인생에 플러스가 될 수 있도록 살릴 수 있게 되기까지 꾸준히 계속하는 사람은 역시 극히 한정되어 있기 때문입니다. 유도를 배워야겠다고 작심하여 이 책장을 넘기고 있는 여러분들은 기왕 결심한 이상 부디 유도의 정수에 이르러 연습의 성과가 자기의 인생에 플러스가 되도록 노력하기 바랍니다.

2 } 숙달하는 비결은 있는가?

순수한 마음씨가 중요해

유도 뿐만 아니라 야구든, 테니스든, 수영도 그런 운동을 배워 보려고 작정하여 실제로 해보려고 하면, 다음에 생각하는 것은 '그런데 어떻게 하면 빨리 숙달할 수 있을까?' 하고 생각하게 됩니다. '좋은 코치 밑에서 배우고 싶다', '숙달할 수 있는 비결을 써놓은 책은 어떤 책일까' 하는 것을 누구라도 생각하게 될 것입니다. 확실히 좋은 지도자에게 배우고 싶고, 좋은 텍스트를 구하는 것은 중요합니다. 여기서는 우선 빨리 숙달하여 대성하기 위해서 항상 유념해야 할 연습상의 '마음가짐' 문제를 살펴보기로 하겠습니다.

여러분들은 일본의 유도 선수 야마시타 다이유군에 대해서 잘 알고 있을 줄 압니다. 야마시타군은 고교 2학년 때 우리 집에 하숙을 하고 있었는데, 그 때 그는 이미 고교 챔피언이 되었으며, 일본의 유도계에 괴동(怪童)이 탄생했다고 떠들썩했습니다. 그 무렵 저는 야마시타 군에게 다음과 같은 세 가지 충고를 한 적이 있습니다.

우선, "야마시타군, 지금까지 유도계에서 괴동 소리를 들은 선수는 자네 외에도 몇 사람이 더 있었다. 그러나 진짜 괴물(怪物)이 된 선수는 극소수였지. 아무리 괴동이라도 아차 한 번 실수하면 끝장이야. 두번 실수하면 괴동이 아닌 평범한 선수일 뿐이야. 승부의 세계에서 부상의 원인은 100%가 자기자신의 책임이다. 부상을 당해도 똑같은 실수를 두 번, 세번 반복한 사람은 거의 대성할 수 없으니 항상 부상을 당하지 않도록 주의하기 바란다."

다음에는, "야마시타군, 매스컴이나 주위에서는 전도가 유망한 선수에 대해서는 관심이 대단한데, 그래서 매스컴에서는 항상 그런 사람에 대해서 각종 기사를 쓰지. 그러면 그 선수는 실력도 아직 별로 없는데 우쭐해져서 결국은 성공하지 못하고 선수 생활을 접고 마는 사례가 많다. 자만심이 생기면 연습

도 하지 않으려 한다. 그러니까 야마시타군, 자네가 정신을 못차리고 우쭐대기만 하면 내가 혼쭐을 내줄 거야."

끝으로, "자네는 유도계의 기린아라는 말을 듣고 있다. 대단한 선수다. 그러나 자기에게는 밝은 내일이 있다고 생각해서는 안 된다. 승부의 세계는 언제 어디서 어떤 사고가 일어날지 모른다. 불의의 교통사고를 당할지도 모른다. 아마추어의 세계는 기록만이 말해줄 뿐이다. 시합 때마다 찬스를 놓쳐서는 안 된다."라고.

야마시타군은 실제로 그 이듬해 전일본 유도선수권대회에서 고교 3학년의 몸으로 3위가 되었으며, 대학교 2학년 때는 멋지게 우승하여 챔피언이 되었습니다. 저는 그가 챔피언이 되었다는 말을 들었을 때 우선 첫째로 들고 싶은 것은 그의 순수한 마음, 말자자면 '남의 말을 듣는 귀'를 갖고 있었다는 것을 들겠습니다. 아무도 이루지 못한 기록을 달성한 지금도 야마시타군은 그런 기분을 잃지 않고 있습니다. 그러기에 위대한 챔피언이 될 수 있었던 것입니다. 코치의 어드바이스나 주위 사람들이 자기를 배려해서 해주는 충고를 듣는 귀를 갖고 있으며, 이것을 자기자신을 격려하는 양식으로 삼을 수 있는 솔직한 정신'이 숙달을 위해서는 절대로 필요하며 이것이 숙달의 비결이라고 해도 좋을 것입니다.

3 } 목표를 세우자

약한 마음과의 싸움

'순수한 마음가짐'이 얼마나 중요한가를 알게 되었으리라 생각되는데, 다음으로 제가 여러분께 바라는 것은 자기자신의 '목표를 가지라'는 것입니다. 목표는 각자 다르겠으나, 어떻든 목표가 없으면 진보도 없습니다. 가령 여러분이 지역대회에서 우승해야겠다고 결심했다고 합시다. 그렇게 결심했으면 지역대회에서 우승하기 위하여 연습계획이나 기술습득을 생각해 보지 않으면 안 됩니다. 자기와 경기를 할 라이벌은 어떤 선수인지, 그 라이벌을 이기려면 어떻게 해야 되는가? 이런 과제에 잘 대처하여 우승을 하기 위한 '계획'을 세우고 매일매일 피나는 연습을 하게 됩니다. 실은 이 목표를 향한 하루하루의 노력의 집적이 대단히 중요하며 그러한 축적을 통해서 값진 '우승'을 쟁취할 수 있는 것입니다. 또한 '목표'를 향한 노력을 체험하게 됨으로써 우리는 인생의 귀중한 교훈을 얻을 수 있는 것입니다.

유도는 상대 선수와 기량을 겨루는 대인경기(對人競技)입니다. 따라서 연습의 태반은 상대 선수를 이기기 위한 기량을 연마하는 것을 목적으로 하고 있습니다. 그러나 상대 선수를 이기기 위한 연습을 참고 해나가기 위해서는 우선 자기 자신의 '약한 마음'이나 '연습을 게을리 하려는' 마음을 이겨내야 합니다. 인간은 누구나 힘든 일을 싫어하는 마음이 있습니다. 이럴 때 자기가 확고한 '목표'를 갖고 있는지의 여부가 문제로 됩니다. 강해지려는 목표를 가졌으면 그 목표를 달성하기 위해서 매일매일 힘든 연습을 열심히 하게 됩니다. 합숙이나 무더운 한여름의 연습, 엄동설한에도 연습에 빠짐없이 참가합시다. 하지만 아무리 정신력이 강한 사람이라도 합숙기간 중에 쉬고 싶은 마음이 들기도 합니다. 이런 유혹에 빠지지 않고 제대로 합숙훈련을 마쳤을 때 자기자신을 이겨냈다는 기쁨이 전신에서 솟아나게 됩니다. 확고한 목표가 있으면 이런 고통을 견뎌내기 쉽습니다. 이렇게 자기와의 싸움에서 이겨내고 목표를 향하여 계획 대로 연습을 해왔다고 하는 기분이 시합에 임했을 때 자기를 받쳐주는 큰 힘이 되는 것입니다.

상대 선수와 1대1로 싸우는 유도는 누가 보아도 '이긴 자'와 '진 자'가 명확합니다. 그러므로 시합 전에는 '어쩌면 내가 지는 것은 아닌가?' 하고 약한 마음이 머리를 스치고 자나가기도 합니다. 평소에 최선을 다한 연습을 했을 때는 '너는 연습을 나만큼은 열심히 하지 못했지. 문제 없어.' 이런 강심장은 '목표'를 세워놓고 연습에 매진했을 때 생겨날 수 있습니다. 시합에서 이기면 자신감이 생깁니다.

강해지기 위해서는 '목표'를 설정하는 것이 가장 중요합니다.

 노력의 가치

역필달(力必達)이라는 말

제가 좌우명으로 쓰는 말에 '역필달(力必達)'(힘을 쓰면 반드시 이룰 수 있다)이라는 말이 있습니다. 이것은 가노 지고로 선생도 즐겨 쓰시던 말인데 그 의미는 열심히 계속 노력하면 반드시 목표를 달성할 수 있다는 말입니다. 저는 이 말의 의미를 저의 경기 생활을 통해서 체험할 수 있었습니다.

1974년에 열렸던 전일본선수권대회 때는 제가 컨디션이 가장 나빴던 때였습니다. 일본 선수권대회에서 우승하고 싶다는 저의 목표는 연령(30세)적으로 보더라도 이미 체력의 피크기를 지난 때인데다가 감기로 몸 상태가 좋지 않았던 때라 우승하기에는 무리가 있다고 생각하고 있었습니다. 따라서 이 대회가 일본 선수권대회에 출전하는 마지막 기회가 될 것이었으므로 한판 한판 후회 없는 시합을 해야겠다고 생각하고 있었습니다. 실제로 우세승이 많기도 했지만 결과는 염원했던 우승기를 차지할 수 있었습니다. 이 때, 저는 승부에는 '운(運)'도 중요한 요소 중의 하나라고 생각은 하면서도 언젠가는 찾아올 '운'도, 목표를 세우고 단념하지 않고 노력하면 따를 것이라고 확신하고 있었습니다.

유도는 체력, 기술, 정신력, 경험 같은 요소가 총합된 경기입니다. 따라서 운동의 능력도 일류 선수가 되는 중요한 요소이지만 여기에 더하여 남보다 두 배, 세 배 노력하자, 기술을 연마하자, 쉬지 말고 열심히 연습하자. 이런 남다른 노력을 하는 마음가짐이 무엇보다도 중요한 요소라고 생각됩니다. 가령 유도의 기술은 '업어치기'라는 똑같은 기술도 그 사람의 신장이나 체중, 상대 선수가 누구냐에 따라서 미묘한 차이가 있습니다. 키가 큰 사람에게 효과적인 업어치기 기술이 있고, 키가 작은 사람에게 효과적인 업어치기 기술이 있으며, 자기의 체격이나 체력에 잘 맞는 기술을 익히는 것이 좋은 성과를 얻을 수 있습니다. 유도 기술의 매력도 바로 이런 점에 있다고 하겠습니다. 물론 이런 연구를 하기 위해서는 '상대방을 이기고 싶다', '목표를 반드시 달성해야겠다'는 마음가짐이 선결조건이 됩니다. 그것은 '승부'에 대한 '집념'이라고 해도 좋을 것입니다.

여러분도 승부에 대한 '집념', 노력하면 반드시 이룰 수 있다(力必達)는 '집념'을 가지고 매일매일 연습에 정진하시기 바랍니다.

 5 } '문무양도(文武兩道)'에서 노력을

유도기술을 사회생활에 살리기 위하여

유도에 강해지기 위해서는 '목표'를 설정하고 '연습계획'을 작성하여 '노력'을 쌓는 것이 중요하다고 앞에서 말했는데, 그러한 연습을 통해서 여러분은 인내, 극기, 예절, 희망 같은, 인생을 살아가는 데 중요하고, 인간으로서 몸에 익혀야 할 덕목(德目)을 익힐 수 있습니다. 유도의 기술은 원래 상대 선수를 쓰러뜨리기 위한 기술인데 지금 세계에서 필요한 인물은 자기가 갖고 있는 기술의 뛰어남, 강함을 뽐내는 인물이 아니라, 원만한 인격을 가지고 평소에 연마한 특출한 기술을 여러 사람들에게 널리 알리고 그러한 정신을 사회에 드러낼 수 있는 인물입니다. 문무양도(文武兩道)라는 훌륭한 말이 있습니다. 평생을 통하여 운동이나 공부도 열심히 하라고 가르칠 때 흔히 쓰는 말입니다. 실제로 문무 양면에서 다 우수한 성적을 올리기란 어려운 일이라도 양면에서 다 노력하는 것은 누구라도 할 수 있습니다. 그러한 마음가짐과 자세가 중요합니다.

흔히 시합에서 승부에만 집착하면 졌을 때는 자칫하면 자기의 모든 인격을 상실한 것 같은 기분을 갖기 쉽습니다. 반대로 이겼을 때는 전인격을 획득한 것으로 착각하기도 합니다. 즉, 유도시합에서 이겼을 뿐인데, '자기는 모든 면에서 위대하다, 챔피언이다'라고 생각하기 쉽습니다. 누구라도 그런 기분은 들겠지만 '문무' 양면의 연습을 거듭함으로써 한 걸음 앞서서 인생의 참다운 가치를 알게 되고 분별할 수 있게 됩니다.

유도는 메치거나, 누르거나, 꺾거나, 조르거나, 뒤집거나 하는 격투(激鬪) 기술이므로 기술이 숙달하면 할수록 마음을 바르게 가지고 인간의 존엄성과 사회성을 몸에 익힐 필요가 있습니다. 여러분들은 밸런스가 잡힌 '문무양도'의 정신을 가진 인간이 되도록 노력해야 하겠습니다.

세계평화에 기여

　유도 연습이나 시합을 통하여 우리들은 동료와의 우정을 돈독히 할 수 있습니다. 이 우정은 유도가 국제적 스포츠로 된 오늘날, 국가나 민족을 초월할 수 있습니다. 유도에 대한 대처방법 여하에 따라서 유도의 기술습득은 물론이고 자기의 인격을 도야하고 친구를 얻고 국제성을 익힐 수 있습니다. 자기 나라의 역사나 문화를 익힐 수 있고, 각국의 유도 애호가들과 교류함으로써 다른 나라의 문화나 역사도 배울 수 있습니다. 또한 스포츠의 국제 교류를 통한 국제적인 우정은 세계의 평화에 크게 기여하고 있다고 봅니다. 전쟁이 매서운 북풍이라면 스포츠는 따뜻한 태양이라 할 수 있습니다. 이 얼마나 멋진 일입니까. 유도의 기술이나 정신이 몸에 붙고 사회에도 도움이 될 수 있도록 유도에 정진하시기 바랍니다.

柔道 Judo

기본동작

Part 02

유도만이 아니라 모든 스포츠에는 기본이 되는 동작이나 지식, 그리고 연습으로 들어가기 전에 가져야 할 마음가짐이 필요합니다. 유도의 기본동작은 자세, 걸음걸이, 상대와의 대결방법, 예의, 낙법(落法) 등입니다. 자기의 몸을 안전하게 보호하기 위해서도 기본동작을 정확하고 확실하게 익혀두는 것이 중요합니다.

1) 기본동작이란?

　유도만이 아니라 모든 스포츠에는 기본이 되는 동작이나 지식, 그리고 연습으로 들어가기 전에 가져야 할 마음가짐이 필요합니다. 유도의 기본동작은 자세, 걸음걸이, 상대와의 대결방법, 예의, 낙법(落法) 등입니다. 일류 선수가 허벅다리걸기나 업어치기로 상대방을 메칠 수 있는 것도 실은 이런 기본동작을 잘 마스터했기 때문에 가능합니다. 유도는 메치거나 하는 격투기이므로 기본동작을 착실하게 몸에 익혀 두지 않으면 큰 부상을 당할 수 있습니다. 흔히 유도 연습을 하다가 머리를 다치거나 관절을 다쳤다는 말을 듣게 되는데, 이런 것은 대개 낙법이 미숙한 데 원인이 있습니다. 이처럼 기술을 숙달하기 위해서도, 그리고 자기의 몸을 안전하게 보호하기 위해서도 기본동작을 정확하고 확실하게 익혀두는 것이 중요합니다.

　기본동작의 연습은 단조로워서 재미가 없다고 대충대충 하기 쉬운데 유도의 기술은 기본동작이 연결된 기술입니다. 이 기본동작 중에 유도의 요령과 정신이 있으므로 몇 번이고 반복연습을 통하여 하나의 동작을 정확하게 할 수 있을 때까지 연습하기 바랍니다.

　또한 연습을 하기 전의 마음가짐이나 지식도 중요합니다. 상대방을 존중하는 마음가짐, 유도복이 더러워지지 않도록 위생면에도 유의할 것, 도장에서의 예의범절 등 지켜야 할 점은 잘 지켜서 서로 기분 좋은 연습이 되도록 해야 되겠습니다. 아무튼 기본동작은 유도 수업의 첫걸음입니다.

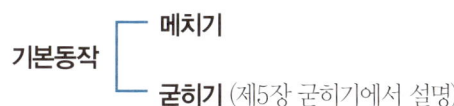

2) 유도의 기술

유도의 기술은 매우 많지만, 이것을 크게 분류해보면 다음과 같습니다.

```
                    ┌─ 메치기   ①선기술, ②허리기술, ③발기술
        유도의 기술 ─┼─ 굳히기   ①누르기, ②조르기, ③꺾기
                    └─ 급소지르기 ①찌르는 기술, ②치는 기술, ③차는 기술
```

 이 중 메치기와 굳히기는 '대련(對鍊)기술'이라고 하여 연습을 할 때나 시합할 때 사용되는 기술입니다. 급소지르기는 상대의 급소를 치거나 차거나 하는 기술로써 위험하므로 대련이나 시합에서는 금지되어 있습니다.

 **3 } 유도복**

 유도할 때 입는 옷을 유도복(윗옷, 바지, 띠)이라고 합니다. 남자는 직접 맨살에 유도복을 입습니다. 여자의 경우에는 흰색 반소매나 목이 둥근 T셔츠(흰색)를 입은 위에 유도복 윗옷을 입습니다. 유도복은 자기의 체격에 맞는 것을 입는 것이 중요합니다. 시합을 할 때는 입는 유도복의 조건이 정해져 있으므로 그 규정에 따르면 됩니다.

유도복의 명칭
유도복의 명칭은 기술을 설명할 때 자주 나오므로 잘 외워두어야 합니다.
❶ 바지
바지의 끈은 알맞게 조여서 앞쪽에서 맨다.
❷ 윗옷
오른쪽 깃은 안쪽에, 왼쪽 깃은 바깥쪽으로 나오게 착용합니다.
❸ 띠
윗옷이 헐렁거리는 것을 방지하기 위하여 적당히 조여 맵니다.

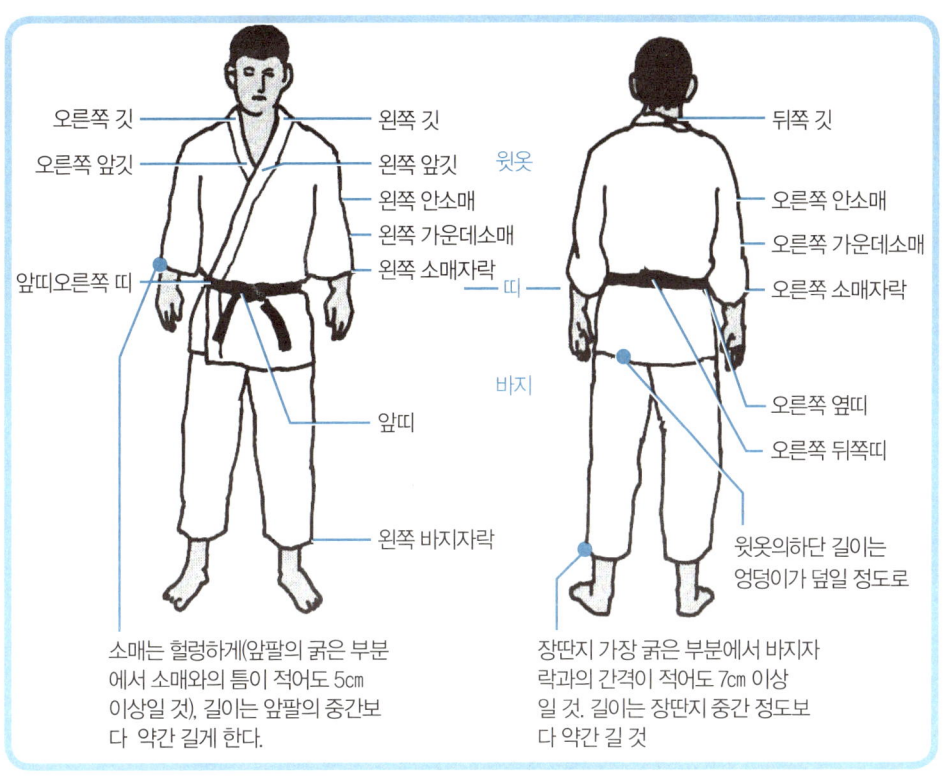

띠를 매는 법

① 바지끈은 앞쪽에 맨다.
② 띠의 중앙을 복부에 대고 뒤로 돌린다.
③ 띠의 길이를 확인한다.
④ 띠를 두 번 돌려서 밑에서 안으로 넣어 위쪽으로 뺀다.
⑤ 띠의 양끝을 둥글게 하여 우측 끝을 위에서 아래로 집어넣는다.
⑥ 양끝을 당겨서 단단히 맨다.

※ 나쁜 예

유도복을 개는 법

예전에는 갠 유도복을 그대로 들고 밖에 나가 걸어다니는 것을 흔히 볼 수 있었는데 옷에 묻은 땀내가 나는 등 타인에게 불쾌감을 주지 않게 하기 위해서라도 가방에 넣어 가지고 다니는 것이 바람직합니다.

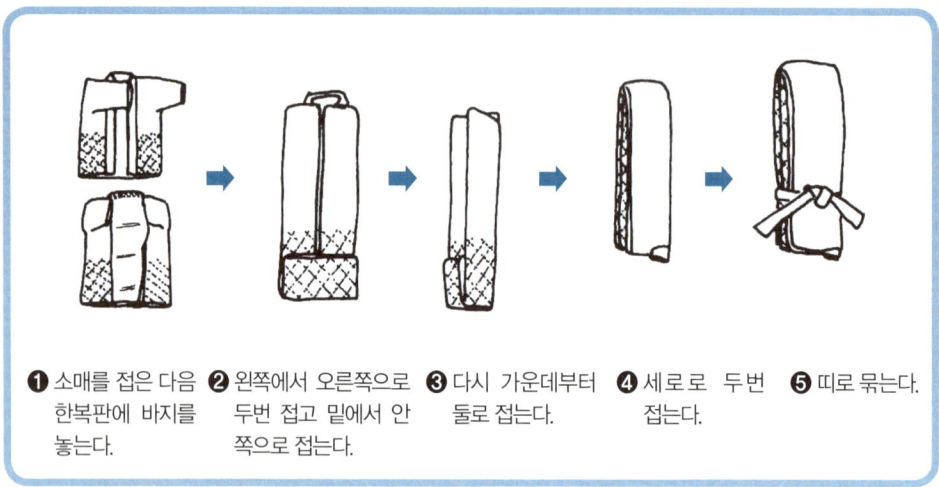

❶ 소매를 접은 다음 한복판에 바지를 놓는다. ❷ 왼쪽에서 오른쪽으로 두번 접고 밑에서 안쪽으로 접는다. ❸ 다시 가운데부터 둘로 접는다. ❹ 세로로 두번 접는다. ❺ 띠로 묶는다.

유도복은 연습할 때 땀이 많이 나서 잘 더러워지는데 항상 통풍이 잘 되는 곳에 널어놓아 말리거나 세탁을 하여 청결하게 관리합시다.

띠의 색깔(일본의 경우)

4급 이하···············흰띠(남녀공동)	9단·10단················빨간띠
1급~3급··················갈색띠	(6단 이상도 검정띠를 매도 무방)
초단부터 5단·············검정띠	소년부 1급~3급········· 보라색 띠
6단부터 8단··빨간 색과 흰색의 얼룩덜룩한 띠	여자······· 중앙에 흰 선이 있는 띠

4 유도에서의 예법

유도의 예법에는 입례(서서하는 예)와 좌례(앉아서 하는 예)가 있습니다.

　예법은 인간의 생활에 빼놓을 수 없는 에티켓입니다. 어떤 스포츠에도 예법에 상당하는 에티켓이 있습니다. 특히 유도는 상대와의 격투를 통해서 승부를 가리는 경기여서 진심으로 상대방을 존중하고 감사하는 마음이 없다면 단순한 결투의 도구로 되어버립니다. 유도는 싸움의 도구가 아닙니다. 유도의 기술을 연마하는 것은 곧 자기의 마음——인격을 닦는 것이기도 합니다. 유도란 무엇인가를 설명하는 말로 '유도는 예의로 시작하여 예의로 끝난다'라는 말이 있습니다. 상대방에 대한 감사하는 기분, 배려하는 마음을 표현한 것이 예법이므로 예법을 잘 익혀서 연습할 때나 시합할 때 올바른 예법을 씁시다.

입례(立禮)

❶ 양발뒤꿈치를 붙이고 똑바로 선 자세(차례자세) — 60°C

❷ 상체를 자연스럽게 앞으로 굽힌다. 양 손끝은 무릎 위에

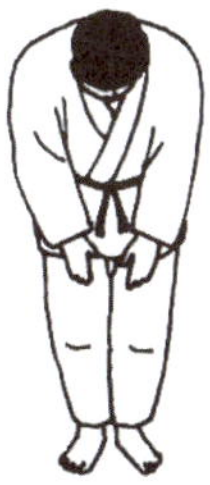

※ 옆에서 보았을 때 — 30°

❸  본래의 자세로 돌아간다. 이때는 대충 한 호흡(약 4초)

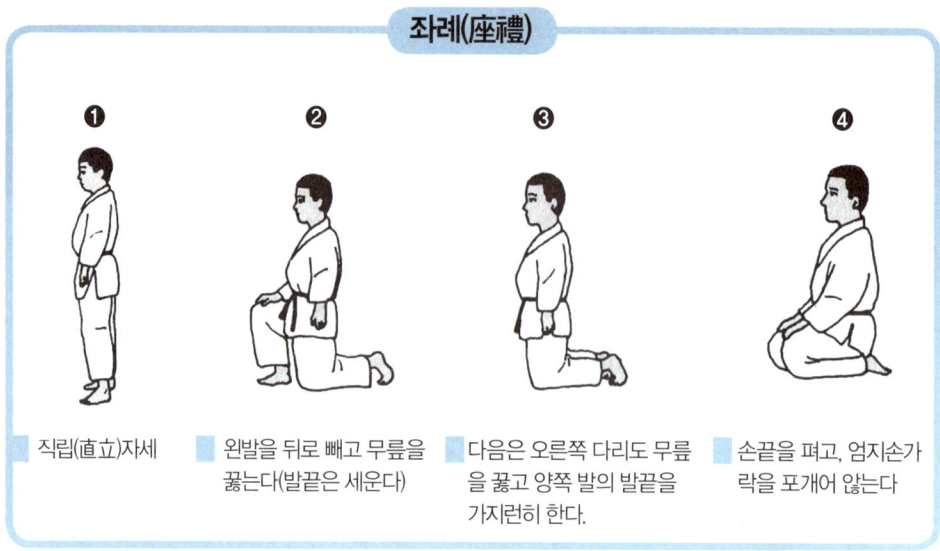

※ 일어설 때는 오른쪽 발부터 앉을 때와는 역순으로 일어섭니다.

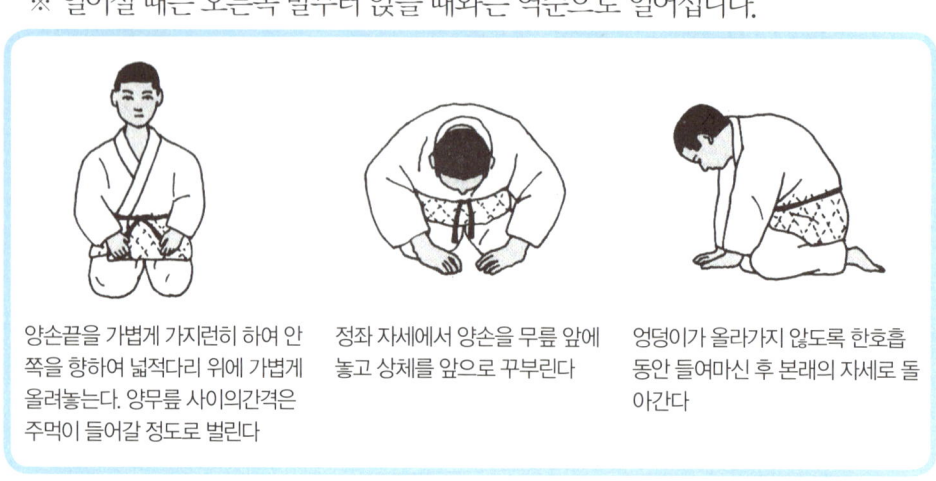

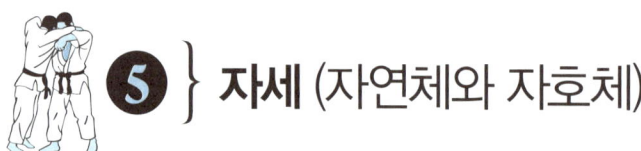

5 } 자세 (자연체와 자호체)

유도를 시작하기 위한 기초적인 점에 대해서는 이해가 되었을 것으로 생각되므로 이번에는 유도의 기술과 직접 관련이 있는 기본동작에 대해서 공부하겠습니다.

　유도의 기본자세는 자연체(自然體)입니다. 자연체란 신체의 어떤 부분에도 힘이 들어가 있지 않은 아주 자연스런 자세(대략 한 발짝 길이의 보폭)로 안정해 있으며, 변화하기 쉬운 자세를 말합니다. 자연체에는 자연본체, 우측자연체, 좌측 자연체의 세 가지가 있습니다.

　이런 자연체보다 보폭을 넓게 하여(약 세 발짝의 길이), 두 무릎을 꾸부려서 몸의 중심(重心)을 낮게 한 자세를 자호체라고 합니다. 자호체는 상대방의 공격을 방어하기 위한 자세입니다. 자호체에도 자호본체, 우측자호체, 좌측자호체의 세 가지가 있습니다.

6 } 맞잡기

　유도는 서로 유도복을 맞잡고 공격과 방어를 하게 되므로 맞잡기는 매우 중요합니다. '맞잡기'는 승부의 한 포인트가 되는데, 처음에는 우선 자연체로 기본이 되는 맞잡기를 하는 방법을 배우기로 하겠습니다.

　※유도복을 잡는 방법은 새끼손가락과 약손가락에 힘을 주고, 엄지는 가볍게 잡으면 됩니다. 팔이나 어깨에는 힘이 들어가지 않도록!

우측자연체에서 오른쪽 맞잡기　　　　　　좌측자연체에서 왼쪽 맞잡기

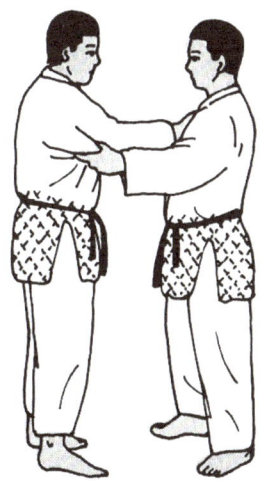
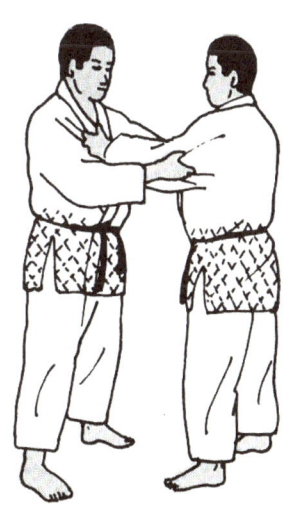

우측자호체에서 오른쪽맞잡기

좌측자호체에서 왼쪽맞잡기

　실제 연습이나 시합에서는 왼쪽 잡기로 하는 사람과 오른쪽 잡기를 하는 사람이 많습니다. 신장이나 체중이 다른 사람이 맞잡기 때문에 기본적인 잡기를 잘 익혀서 자기의 잡기 방법을 마스터하여 항상 자기에게 유리한 잡기로 상대하는 것이 상대방과의 대결에서 이길 수 있는 첫걸음입니다.

당기는 손과 낚아채는 손

　상대와 맞잡기를 할 때는 통상 소매를 잡는 손을 '당기는 손' 이라 하고, 옷깃을 잡는 손을 '낚아채는 손'이라고 합니다.
　이것은 기술을 걸 때 잡은 소매를 자기 쪽으로 당겨서 옷깃을 자기 쪽으로 상대방을 낚아채듯이(원을 그리듯이) 메치는 경우가 많기 때문입니다. 물론 기술의 종류나 사람에 따라서 일률적이지 않을 때도 있으나 '당기는 손'이나 '낚아채는 손'이라는 말은 유도에서 흔히 쓰이는 말입니다.

① 낚아채는 손(옷깃을 잡는 손)
　　ⓐ가슴 부근(통상 잡는 법)
　　ⓑ왼쪽 깃 ⓒ뒤쪽 깃 ⓓ등
　　ⓔ겨드랑이 밑

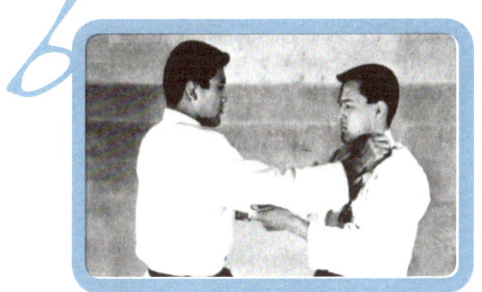

② 당기는 손(소매를 잡는 손)
ⓐ팔꿈치 밑(통상 잡는 법)
ⓑ소매 ⓒ겨드랑이 밑 ⓓ가슴
ⓔ좌우의 깃

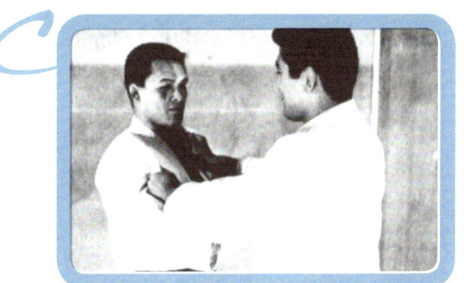

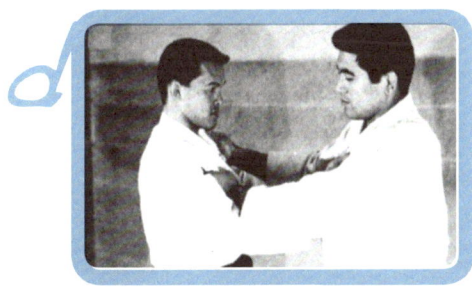
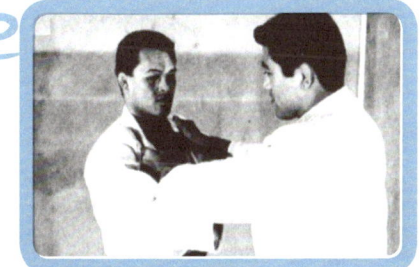

7 } 이동(進退)에 대하여

　유도에서의 공방은 움직이면서 행해지므로 자기의 신체를 전후좌우 모든 방향으로 밸런스가 흐트러지지 않게 이동시키거나 변화시키지 않으면 안 됩니다.

　그래서 걷기가 문제로 됩니다. 유도에서의 걷기는 '스치듯이 발을 끌어 걷기'를 사용하며 '내딛기'와 '이어딛기'의 방법이 있습니다.

　이 진퇴동작의 연습은 혼자서도 할 수 있으므로 도장에서 유도의 걷기를 연습해 봅시다.

- 스치듯이 걷기 – 발바닥으로 방바닥을 미끌어지듯이 (발뒤꿈치를 바닥에 붙이지 말 것)
- 내딛기 – 발을 교대로 내디디며 걷는다(보통 걸음걸이)
- 이어딛기 – 한쪽 발을 이어서 걷는다.

걷기의 예

　혼자서 걷는 것을 잘 할 수 있게 되었으면 상대와 맞잡고 전후좌우, 비스듬히 등 여러 가지 방법으로 이동해 봅시다.

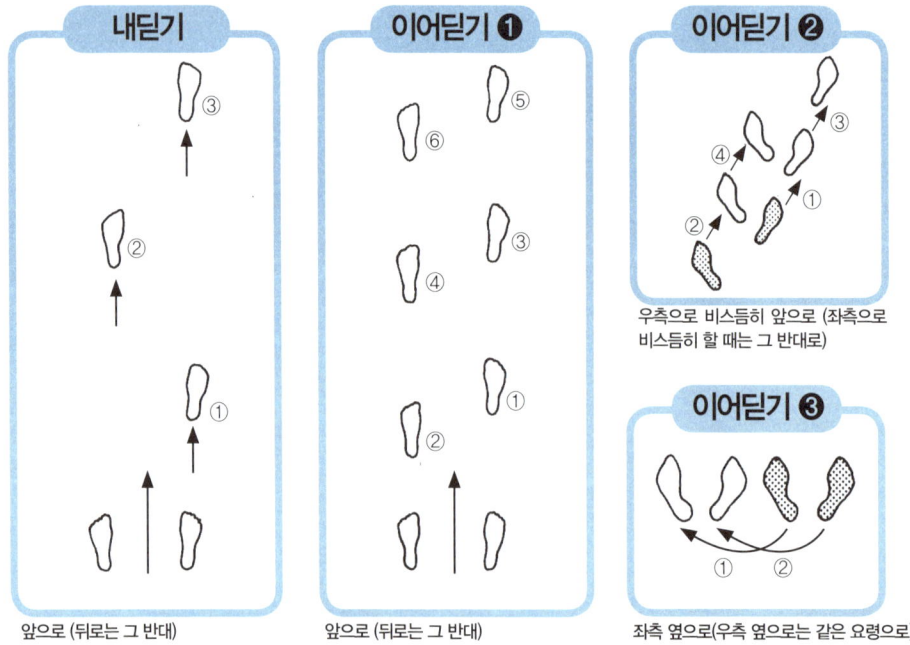

8 } 기울이기

 '기울이기'는 상대를 불안정한 자세로 만드는 것입니다. 상대방을 메칠 때는 우선 '기울이기'를 하는 것이 포인트입니다. 기울이기를 하는 방법으로는 자기의 힘으로, 혹은 상대방의 힘을 이용하여 밀거나, 당기거나, 돌리거나 하는 방법이 있습니다. 유도에서 쓰는 말에 '당기면 밀어라, 밀면 당겨라'라는 말이 있는데, 이것은 상대방의 힘을 이용하여 밀어서 기울이고, 당겨서 기울인다는 말입니다.
 기울이기를 할 때 주의할 점은 손끝만으로 기울이려고 하지 말고 자기 몸 전체의 동작으로 할 것, 상대방과의 틈을 생각할 때 상대방의 몸의 중심(重心)이 발바닥의 일부에 실리도록 해야 합니다.
 기본적인 기울이기의 방향에는 8개의 방향이 있습니다.(8방 기울이기)

8방 기울이기 (상대를 기울이는 방향에 따라 명칭이 다르다)

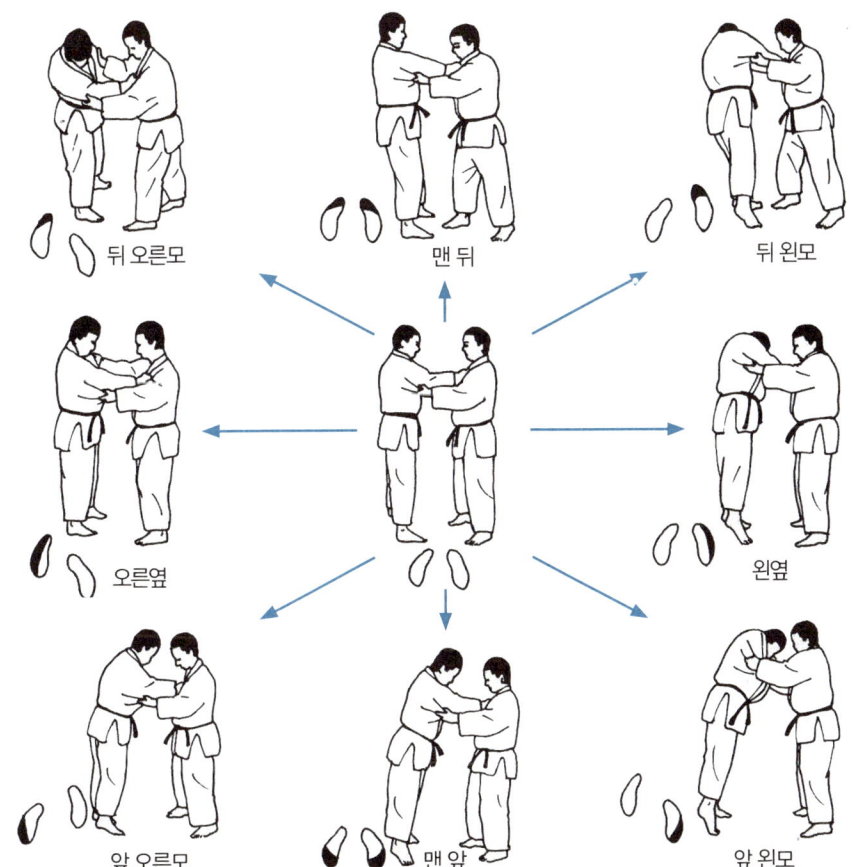

 **몸쓰기**

　상대 선수에게 기술을 걸 때, 또는 상대 선수의 기술을 방어할 때 자기의 몸을 좋은 위치로 이동하거나 변화시켜서 항상 안정된 자세를 유지하는 것을 '몸쓰기'라고 합니다. 이 몸쓰기가 좋으냐 나쁘냐가 기술을 잘 쓸 수 있는 중요한 포인트가 됩니다. 예로부터 흔히 '작은 기술로 큰 것을 제압한다', '부드러운 것이 강한 것을 제압한다' 는 말이 유도의 대명사로 되어 있는데, 이것은 몸쓰기를 잘 써야 가능합니다. 몸쓰기의 기본은 앞몸쓰기, 뒷몸쓰기, 앞돌려몸쓰기 뒤돌려몸쓰기 등입니다.

몸쓰기의 예

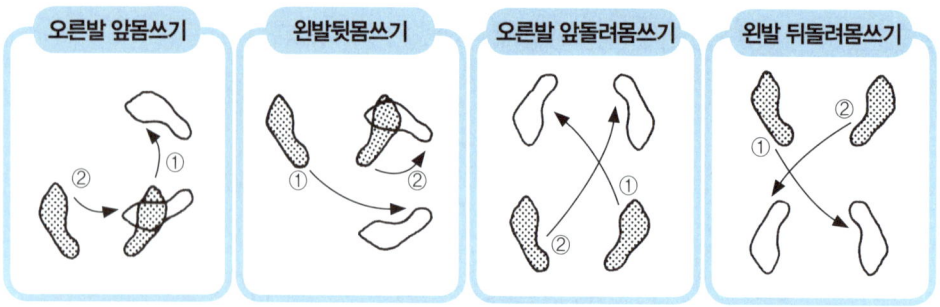

발을 앞으로 내밀어 상대방과 방향이 거의 직각이 되게 하는 몸쓰기

발을 뒤쪽으로 빼어 상대방의 방향이 직각이 되게 하는 몸쓰기

발을 앞으로 내밀어 상대방의 몸 앞으로 가게 한다

발을 뒤쪽으로 빼어 상대방의 몸 앞으로 가게 한다.

 **기울**이기와 **몸쓰기**(만들기, 걸기)

　상대 선수를 메칠 때는 상대 선수를 '기울어지게' 하는 것이 우선 중요한데, 잘 '기울어지게' 하기 위해서는 몸쓰기가 좋아야 합니다. 이 점을 잘 기억해 두어야 합니다.
　기술을 걸기 좋도록 상대 선수를 기울어지게 하는 것을 다른 말로 '상대방 만들기'라고 합니다. 또한 '상대방 만들기'와 동시에 자기가 기술을 걸기 위해서 가장 적합

한 위치, 방향, 자세로 되는 것을 '자기 만들기'라고 합니다.

그리고 기술을 거는 것을 '걸기'라고 합니다.

'만들기', '걸기'가 연속동작으로 멋지게 행해졌을 때, 기술은 결정타가 됩니다. 이것이 바로 유도 기술의 원리입니다. 여러 가지 방법으로 상대 선수를 기울어지게 하여 기술을 건다는 것을 명심하기 바랍니다.

11 } 낙법(落法)

낙법의 포인트

낙법이란 상대 선수가 자기를 메쳤을 때나 자기가 쓰러졌을 때, 자기 몸에 충격을 적게 하여 다치지 않고 안전하게 쓰러지는 방법을 말합니다. 전후좌우 쓰러지는 방향에 따라서 각각 낙법이 다릅니다.(후방낙법, 측방낙법, 전방낙법, 전방회전낙법)

이 낙법을 능숙하게 할 수 없으면 대련 연습도 잘 할 수 없습니다. 낙법에 익숙해지면 메쳐졌을 때도 공포감이 없어집니다. 메쳐졌을 때라도 낙법에 익숙한 사람은 상대선수의 기술을 올바른 자세로 받을 수 있게 됩니다. 즉, 상대가 거는 기술도 무서워하지 않게 됩니다. 오히려 자기자신의 바른 자세에서 기술을 걸 수 있습니다. 이것이 기술의 향상으로 이어지게 됩니다. 유도를 잘 하는 사람, 유도에 강한 사람은 낙법을 잘 하는 사람입니다.

(1) 후방낙법(중요한 후두부와 등을 보호한다)
　　ⓐ 매트에 등을 붙이고 위를 향해 누운 자세에서

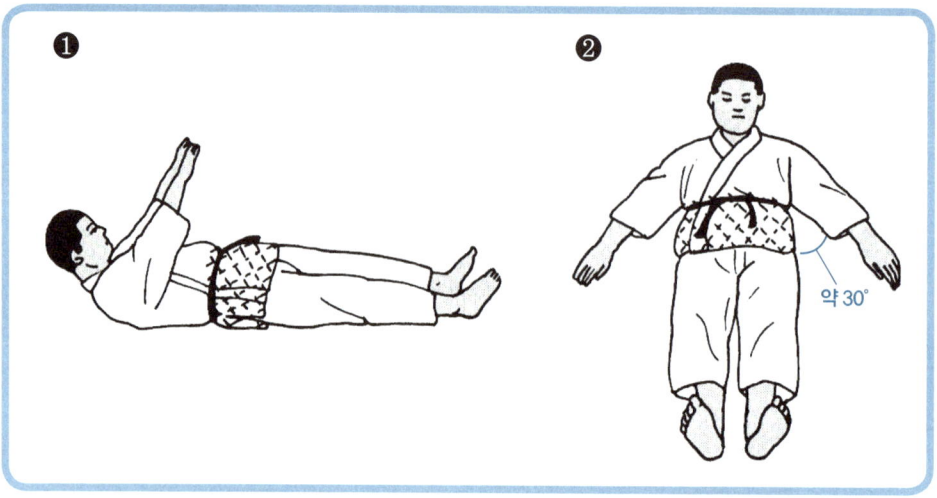

① 양팔을 위로 올리고
② 팔 전체로 매트를 친다. 이 때 턱을 앞쪽으로 당겨서 후두부가 매트에 닿지 않도록 한다.

　　ⓑ 앉은 자세(다리를 뻗고 앉은)에서

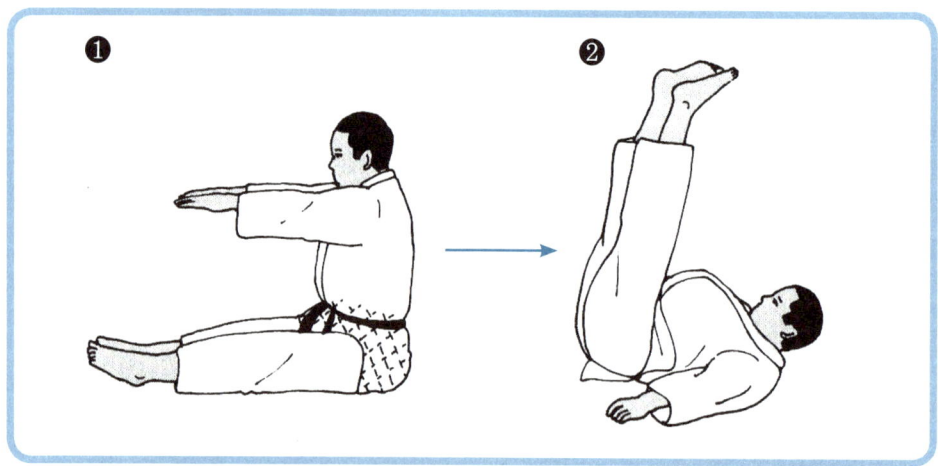

① 다리를 뻗고 앉아 양팔을 어깨 높이로 든다.
② 뒤쪽으로 쓰러지면서 후두부가 매트에 닿지 않도록 두 팔로 매트를 탁친다.

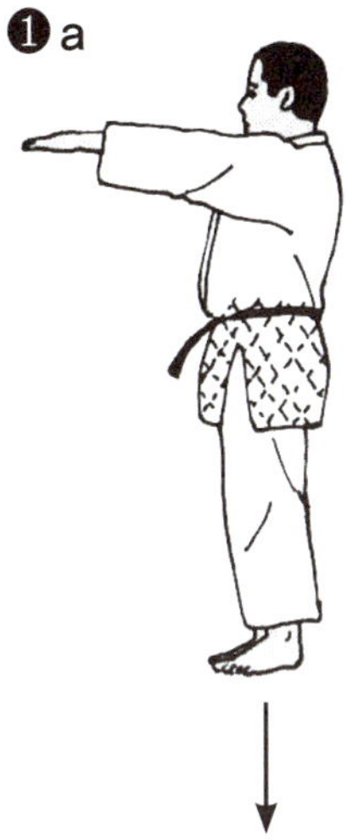

ⓒ 중간허리의 자세에서

① b 발끝을 세운채 중간허리의 자세를 취하여
② 엉덩이를 발뒤꿈치 가까이 떨어뜨리면서 상체를 둥글게 하여 뒤쪽으로 허리를 둥글게 하여 쓰러져
③ 두 팔로 매트를 친다.

ⓓ 서있는 자세에서

① a 서있는 자세에서 → ① b → ② → ③.

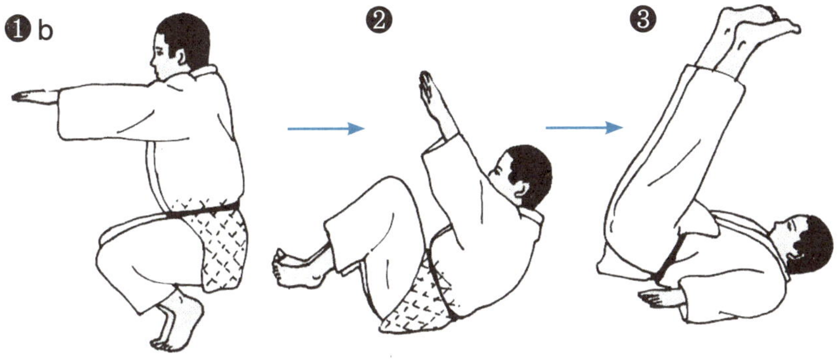

ⓔ 뒤로 이동하면서 후방낙법을 쓴다

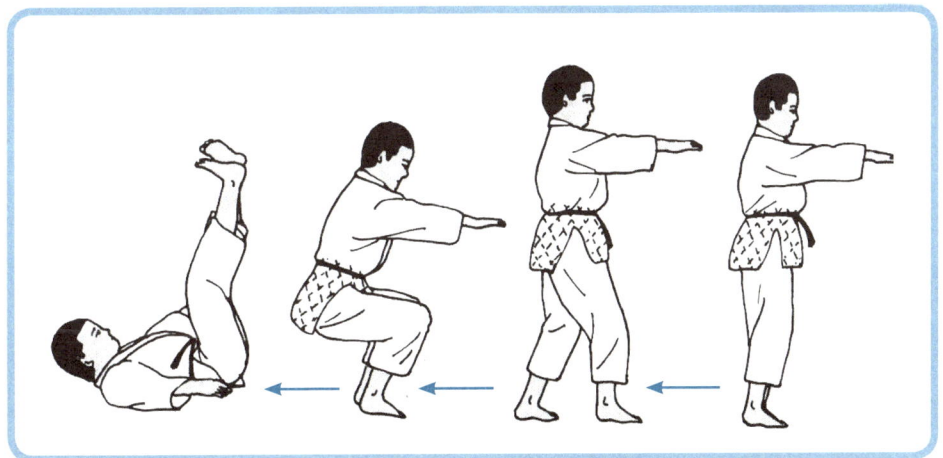

(2) 측방낙법(연습할 때 가장 많이 사용하는 낙법입니다)

ⓐ 위를 향해 누운 자세에서

① 팔(한쪽)로 매트를 치는 연습

몸을 옆으로 눕혀서 팔 전체로 매트를 친다. 다른 손은 띠의 매듭 부분에 가볍게 대고 있는 것이 좋습니다. 머리를 매트에 닿지 않게 할 것.

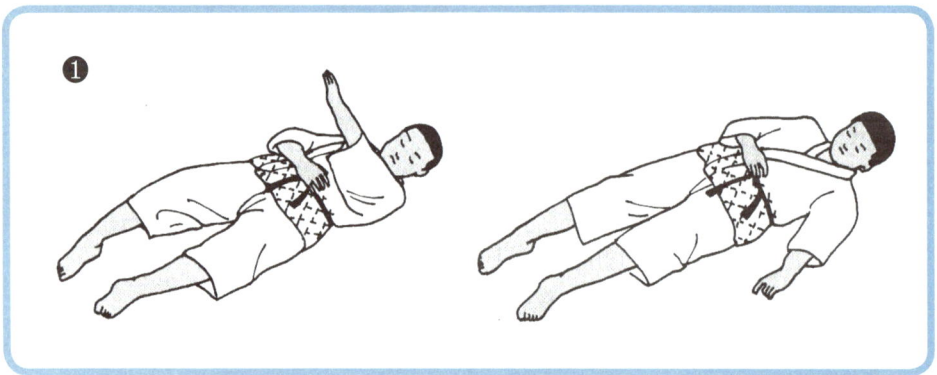

② 팔과 다리로 치는 연습

위를 향해 누운 자세에서 한 팔과 양 다리를 동시에 들어올려 몸을 옆으로 눕혀서 팔과 다리로 매트를 칩니다. 이 때 양다리는 아래쪽 다리가 먼저, 위의 다리가 나중에 매트를 치도록 합니다.(이것을 교차해서는 안 된다) 또한 발뒤꿈치로는 치지 않도록 합니다. 좌우 교대로 연습하면 좋습니다.

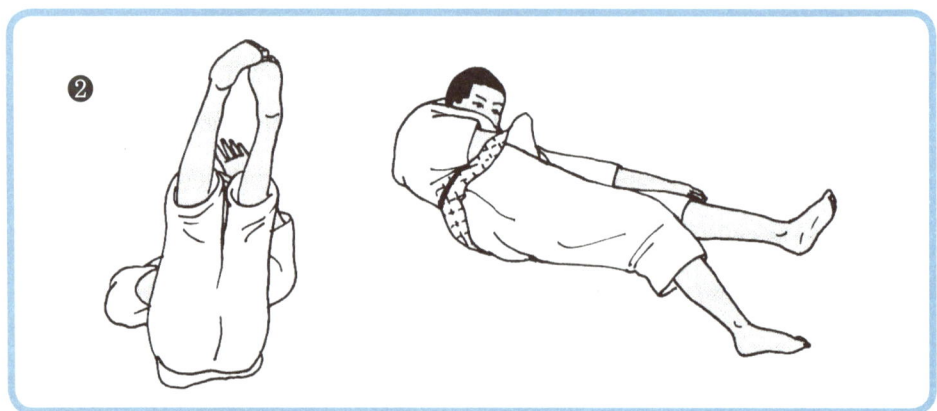

ⓑ 앉아 있는(길게 앉은) 자세에서

①ⓐ 다리를 뻗치고 앉아 있는 자세에서
④ 비스듬히 뒤쪽으로 쓰러지는 낙법

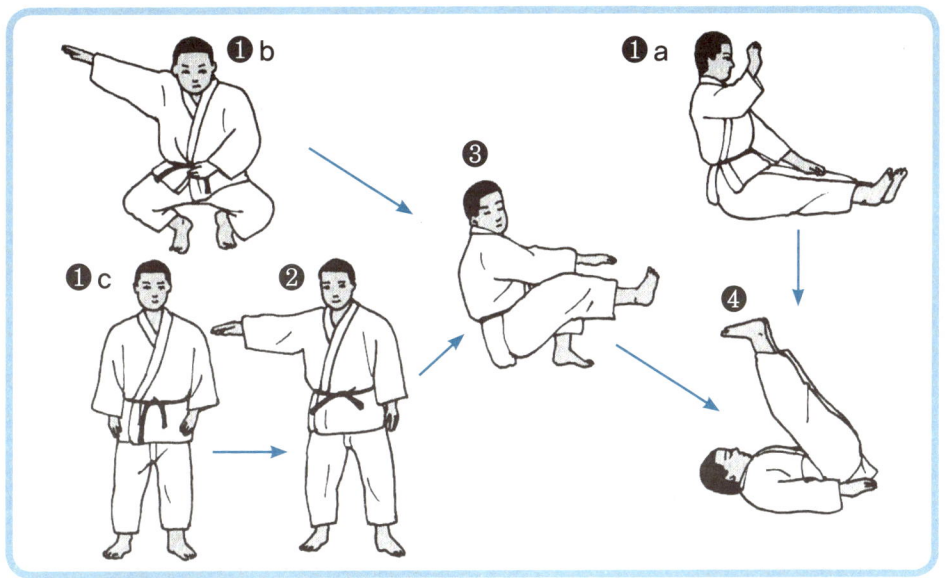

ⓒ 중간허리의 자세에서
① b 발끝으로 선 중간허리의 자세에서
③ 오른발을 좌측으로 비스듬히 앞으로 내밀고, 오른팔도 왼쪽 어깨부분으로 올리면서 엉덩이를 떨어뜨리고
④ 오른쪽으로 비스듬히 뒤로 쓰러져서 오른팔로 매트를 치는 낙법

ⓓ 선 자세에서
① c 선 자세에서
② 왼발을 비스듬히 한 발 앞으로 내놓고
③ 오른발을 비스듬히 내놓으면서 왼쪽 무릎을 꾸부리고 엉덩이를 낮춘다
④ 오른쪽으로 비스듬히 뒤로 쓰러지면서 오른팔로 매트를 치며 낙법을 한다.

ⓔ 좌우로 이동하면서

(3) 전방낙법(앞쪽으로 쓰러졌을 때 얼굴이나 가슴을 보호하는 낙법)

ⓐ 무릎을 꾸부린 자세에서
  ① a → ②
ⓑ 중간허리의 자세에서
  ① b → ②
ⓒ 선 자세에서
  ① c → ②

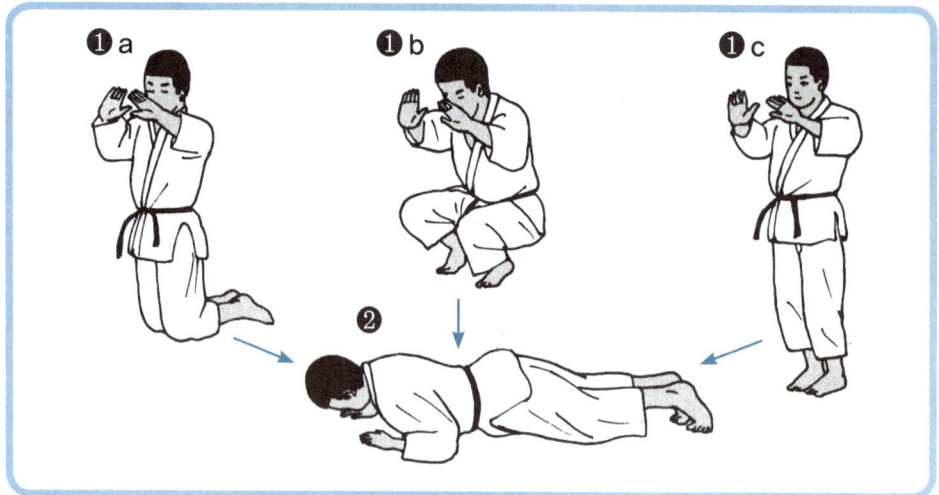

① 각 자세에서 양손을 八자로 하여 앞으로 내밀고
② 앞쪽으로 쓰러져서 양팔로 매트를 친다. 팔과 손끝으로 몸을 지탱한다. 배를 치지 않도록 조심한다.

(4) 전방회전낙법(앞쪽으로 회전하는 낙법)

드디어 낙법의 총마무리입니다. 바퀴가 굴러가듯이 회전해 봅시다.

손바닥으로 매트를 짚는 법

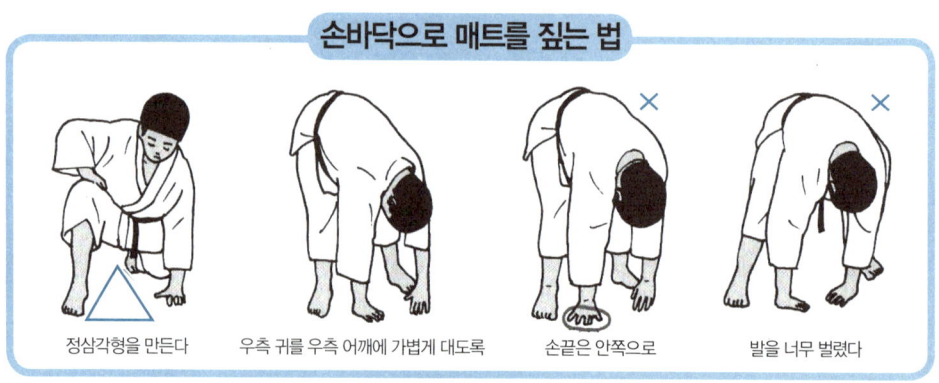

정삼각형을 만든다 | 우측 귀를 우측 어깨에 가볍게 대도록 | 손끝은 안쪽으로 | 발을 너무 벌렸다

ⓐ 중간허리의 자세에서
　① 우측 자연체의 중간허리 자세로 잡는다(손으로 매트를 짚는 법)
　② 허리를 위로 올리면서 왼발을 차면 앞쪽으로 회전하고
　③ 왼손으로 낙법을 한다(좌측방낙법의 형태)

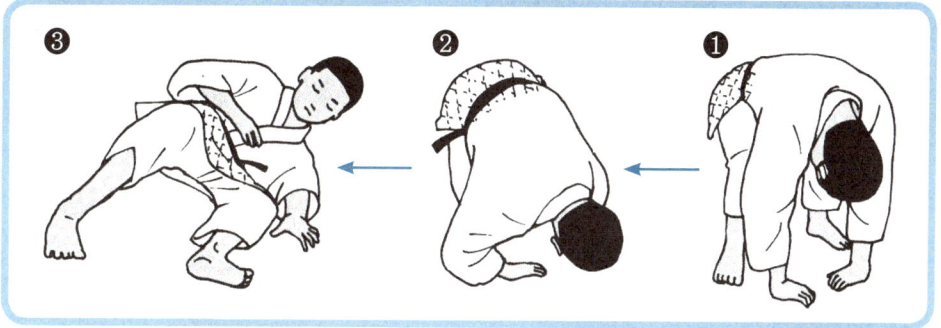

ⓑ 선 자세에서의 낙법
　이번에는 우측(좌측) 자연체의 자세에서 중간허리 때와 같은 요령으로 전방회전을 이용한 낙법으로 합니다.
　이 연습이 잘 되었으면 이번에는 낙법을 하고 일어섭니다. 일어설 때는 자연본체로 하는 것이 중요합니다.

ⓒ 전진하면서 세게 매트를 걷어차면서 하는 낙법
　①전진하면서 오른발로 매트를 세게 걷어차면서
　②③오른발로 매트를 세게 걷어차면서 오른손으로 매트를 짚고 앞쪽으로 회전하면서
　④⑤왼손으로 매트를 세게 치고 낙법을 하여 자연본체로 일어선다

(5) **여러가지 낙법의 연습법** (둘이서 즐겁게 낙법을 연습해 봅시다)

① 상대방을 뒤쪽으로 밀어서 쓰러뜨린다(후방낙법)

　　상대와 마주서서 가슴 부위를 양손으로 밀어준다 → 후방낙법을 한다.

② 상대방을 앞쪽으로 끌어당겨 쓰러뜨린다(전방회전낙법)

　　앞으로 나오는 상대방의 손목(또는 유도복)을 잡고 다시 끌어당겨 쓰러뜨린다
　　→ 앞쪽으로 회전하여 낙법을 한다.

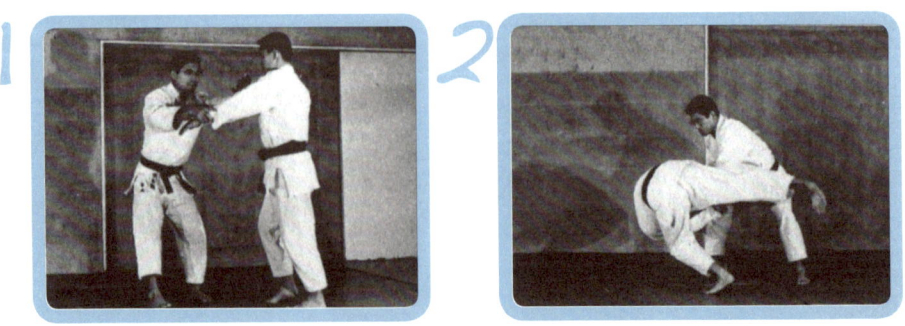

※상대방을 밀거나 당기거나 할 때 각도를 여러 가지로 바꾸어 보자.

③ 상대방(장해물)을 뛰어넘는다(전방회전낙법)
  ⓐ **엎드린 상태로 있는 상대방을 뛰어넘고 낙법을 한다(자세가 낮은 경우)**

ⓑ (상대방의 자세가 높은 경우)

ⓒ (엎드려 있는 상대방의 수가 많은 경우)

ⓓ 마주서서 서로 달려들어 한쪽이 웅크리고 있어 방해가 되자 다른 쪽이 뛰어넘어 낙법을 한다.(교대로 한다)

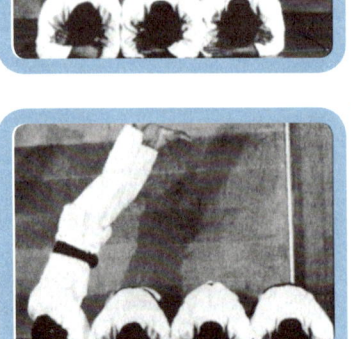

④ 약속연습에 의한 낙법연습

　미리 상대방을 메치기로 정해놓고 행하는 연습(약속연습)으로, 메치는 낙법연습을 한다.

(6) 일상생활에 도움이 되는 낙법

낙법을 마스터하면 유도를 위한 연습만이 아니라 우리가 일상생활을 할 때 다음과 같은 경우에 응용할 수 있으며, 뜻밖의 사고로부터 우리 몸을 지켜줄 수 있습니다.

① 얼음판이나 도로에서(스케이트, 또는 겨울철에 노면이 얼었을 때 등) 미끄러져 넘어졌을 때, (머리를 보호할 때) 발이 걸려 넘어졌을 때
② 자전거를 타다가 넘어졌을 때, 말을 타다가 낙마했을 때
③ 배구를 할 때 회전 리시브를 할 때, 기타

유도의 연습법

유도는 전신운동이므로 총체적인 체력이 필요합니다. 특히 파워(스피드×근력)와 스태미너는 최근 유도에서 빼놓을 수 없는 요소입니다. 유도를 연습할 때는 기초체력 양성, 전문적인 체력 양성, 기술양성, 정신적인 면에서의 단련 등을 단계마다 계획적으로 실시해 가는 것이 중요합니다.

Part 03

　유도는 전신운동이므로 총체적인 체력이 필요합니다. 특히 파워(스피드×근력)와 스태미너는 최근 유도에서 빼놓을 수 없는 요소입니다. 또한 유도는 상대를 메치거나, 누르거나 하는 기술의 우열을 겨루게 되므로 좋은 체력과 기술 없이는 승부가 안 됩니다. 따라서 유도를 연습할 때는 기초체력 양성, 전문적인 체력 양성, 기술양성, 정신적인 면에서의 단련 등을 단계마다 계획적으로 실시해 가는 것이 중요합니다.

　마음(정신력), 기술, 체력을 기르는 것은 뛰어난 투지와 기술을 낳게 합니다. 훌륭한 기술은 뛰어난 체력을 갖고 있을 때 생겨나는 것입니다. 그리고 기술이 정체했을 때는 역으로 체력의 증강·보강을 통해서 정체된 상태를 돌파할 수 있습니다.

※ 심(心), 기(技), 체(體)의 일치

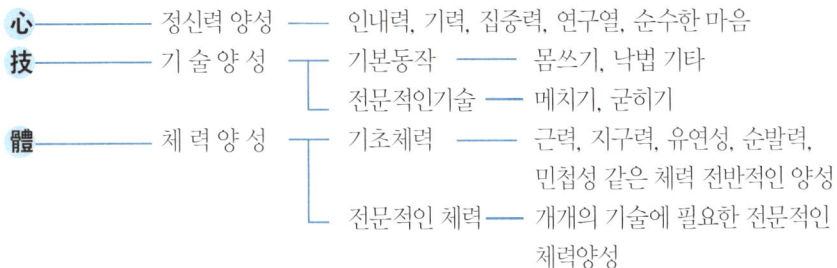

1. 유도의 기술연습 (형(形)은 문법, 대련은 글짓기)

　유도의 기술을 습득하는 연습방법으로는 '형(形)'과 '대련'(자유연습)이 있습니다. '형'과 '대련'을 잘 조합시켜 연습하는 것이 중요합니다.

(1) 형(形)
　여러 가지 유도의 기술 중 대표적인 기술을 골라서 공방(攻防)의 순서, 방법을 미리 약속해 놓고 짜맞춘 것으로, 기술의 올바른 이론을 알게 됩니다. 또한 유술(柔術)에서 발전한 유도의 무술적 기술도 익힐 수 있습니다.

(1) 메치기의 형

메치기 기술의 이론과 실제를 배우기 위한 형입니다. 손기술, 허리기술, 발기술, 진사신(眞捨身) 기술, 횡사신(橫捨身) 기술을 각각 3개씩 골랐습니다.

(2) 굳히기의 형

굳히기의 이론과 실제를 배우기 위한 형으로 누르기 기술, 조르기 기술, 꺾기 기술을 각각 5개씩 총 15개의 기술을 골랐습니다. 메치기의 형, 굳히기의 형을 합쳐서 '대련의 형'이라고 합니다.

(3) 극(極)의 형

당신기(當身技)나 무기를 사용하여 공격과 방어를 하는 형으로 실제 검(劍)을 사용한 승부의 이론과 실제를 배웁니다. 거취(居取) 8개, 입합(立合) 12개가 있습니다.

(4) 유(柔)의 형

공방을 할 때의 몸놀림, 힘의 사용법 등을 체육적으로 짜맞춘 형으로 1교(敎), 2교, 3교를 각각 5개씩 총 15개의 기술이 있습니다.

(5) 옛 방식의 형

기도류(起倒流) 유술의 '개조타(鎧組打)' 형입니다. 바깥쪽 14개, 안쪽 7개가 있습니다. 기도류를 더욱 심화시킨 가노 지고로 선생이 고토캉(講道館)의 한 형으로 추가하여 보존되고 있습니다.

(6) 5개의 형

공방의 이치를 물의 양상을 본떠서 표현한 형으로 5개가 있습니다. 개개의 형에는 명칭이 붙어 있지 않습니다.

(7) 고토킹(講道館) 호신술

타인으로부터의 위해(危害)에서 자기 몸을 보호하는 방법을 하나의 형으로 한 것입니다.

(8) 정력을 기르기 위한 국민체육형

유도의 기본과 체조를 합쳐서 할 수 있도록 고안된 형입니다.

〔2〕 대련(對鍊)

이것은 자유연습이라고도 하며 메치기, 굳히기 기술을 사용하여 서로 자유롭게 공방을 연습하는 가운데 상대방을 쓰러뜨리거나 몸쓰기, 기술을 거는 타이밍, 힘의 사용법 등을 총체적으로 연습합니다. 유도의 연습방법 중 기초연습 → 약속연습 → 자유연습으로 나아가는 최종단계입니다. 대련은 유도 연습의 중심인데, 그 전에 기초연습, 약속연습을 잘 해두는 것이 중요합니다.

(1) 기초연습

똑같은 기술을 반복해서 연습하는 방법입니다. 기울이기, 몸쓰기, 걸기, 힘의 사용법, 올바른 폼, 타이밍을 잡는 법을 기초연습을 통해서 익힙니다. 기술 습득의 기초연습입니다.(여러 가지 방법은 후술함)

ⓐ 상대방을 고정시켜 놓고 기술을 건다 ⓑ 상대방을 이동시키면서 기술을 건다

(2) 약속연습

이 연습방법은 사전에 기술이나 이동하는 범위를 서로 약속해 놓고 하는 방법입니다. 기초연습을 통해서 익힌 기술을 너욱 숙달시키는 동시에 다음 단계인 자유연습(대련)으로 나가기 위한 중요한 연습법입니다. 특히 상대방의 움직임을 이용하여 기술을 거는 타이밍, 기술의 리듬, 몸쓰기 등은 이 연습을 통해서 익힙니다. 메쳐지는 사람은 항상 바른 자세로, 메치는 사람이 기술을 걸기 쉽게 하는 것이 중요하며, 메쳐졌으면 무리하지 않은 낙법을 씁니다. 메쳐진 사람이 메치는 사람에 대하여 진퇴동작을 잘 하지 못했을 때는 이 연습을 스무스하게 할 수 없으므로 주의하기 바랍니다. 메쳐진 사람에게는 낙법연습도 됩니다.

ⓐ 기술의 종류, 순서, 횟수, 시간 등을 미리 정해놓고 공격과 수비를 교대로 연습한다.
ⓑ 처음에는 기초연습과 비슷한 방법에서 차츰 이동범위를 넓혀 나간다.

ⓒ 처음에는 체중이나 신장이 같은 사람끼리 연습하고, 기술이 발전하면 체격에 차이가 있는 사람과도 연습한다.
　　ⓓ 두 사람(공격을 하는 사람과 방어하는 사람)의 호흡이 맞는 것이 중요하다.

(3) 자유연습(對鍊)

앞에서 설명한 바와 같이 유도의 연습에서 중심이 되는 연습입니다.
ⓐ 항상 바른 자세를 유지하고 가벼운 동작으로 연습을 한다.
ⓑ 많은 사람과 연습을 하여 항상 연구·노력을 게을리하지 말 것.
ⓒ 자기가 잘 할 수 있는 기술을 익힌다(필승 포인트).
ⓓ 상대방에 따라서 세 가지 다른 연습방법

　① **자기보다 실력이 좋은 사람과 연습하는 경우(기초연습)**
　　메쳐지는 것을 두려워하지 말고 적극적으로 기술을 걸어봅시다. 메쳐졌을 때는 낙법을 쓰면 됩니다. 메쳐지면서 기술의 포인트를 익히게 됩니다.
　② **자기와 실력이 비슷한 사람과 연습을 하는 경우**
　　틈새가 생기지 않게 공격과 방어를 하여 한판승을 거둘 수 있는 연습을 합시다. 그러나 시합은 아니므로 무리하게 공방을 하거나 힘자랑을 할 필요는 없습니다.
　③ **자기보다 실력이 떨어지는 사람과 연습을 하는 경우(받쳐주는 연습)**
　　상대방의 기술이나 체력에 맞추어 상대를 받쳐주면서 연습을 합니다. 상대방의 기술이 정확하게 들어왔으면 넘어져 줍니다. 상대방을 받쳐주면서 자기 기술의 연구, 서툰 기술의 연습이 됩니다.

2 메치기 (기초연습, 약속연습)

　여기서는 앞에서 설명한 연습방법 내에서 기술을 습득하는 포인트인 메치기방법에 대한 실례를 소개합니다.

⑴ 혼자서 한다

다리후리기(좌우교대로 한다)

한팔업어치기

안다리후리기

안뒤축후리기

벽이나 기둥을 이용해서 한다

허벅다리걸기

안다리후리기

밭다리후리기

⑵ 둘이서 한다

즉석에서 한다

업어치기

밭다리후리기

허벅다리걸기

잡는 사람만 한다
- 업어치기 등 회전하는 동작에 유리

이동하면서 한다
- 상대방을 잡아당긴다

업어치기

허벅다리걸기

안뒤축후리기

나오는다리후리기

- 상대방을 몰아부친다

밭다리후리기

안다리후리기

허벅다리걸기

- 상대방을 옆으로 이동시킨다.

모두걸기

빗당겨치기

- 연결기술의 메치기(뒷기술과 앞기술의 짜맞춤)

안뒤축후리기 → 양손업어치기

안뒤축후리기 → 허벅다리걸기

- 연결기술의 메치기(뒷기술과 앞기술의 짜맞춤)

안뒤축후리기 → 안다리후리기

안다리후리기 → 밭다리후리기

- 회전하면서
양손업어치기

허벅다리걸기

- 교대로 메치면서 한다 (예) A … 업어치기 B … 밭다리걸기

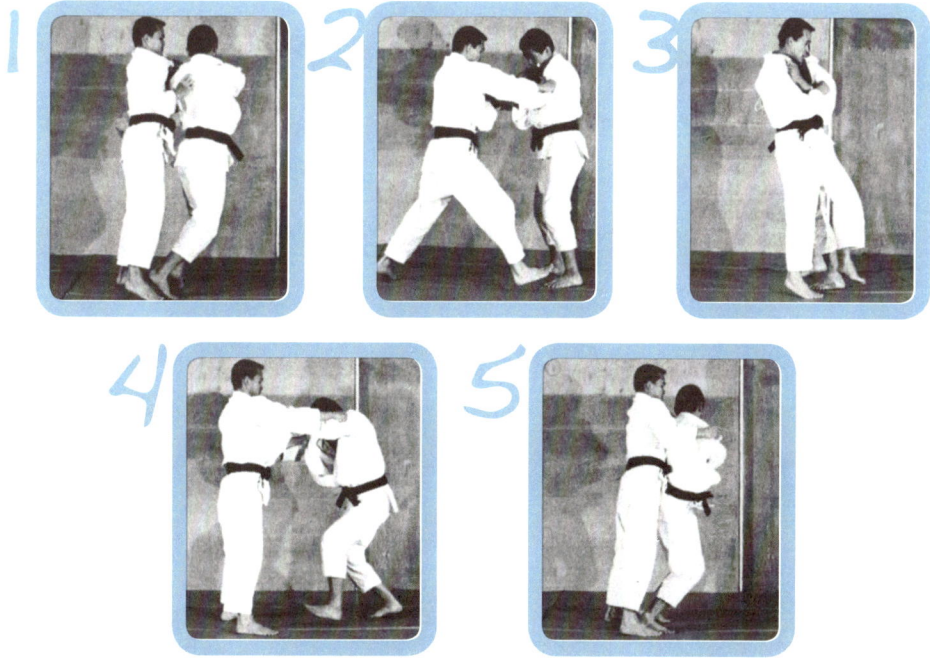

- 이밖에 여러 방향으로 이동하면서 타이밍을 포착하여 메치기를 한다.
  (약속메치기)

(3) 셋이서 한다

상대방을 내던지듯이 메친다. 보조자는 상대방이 쓰러지지 않도록 보조한다.

즉석에서 한다

업어치기

허벅다리걸기

안다리후리기

밭다리후리기

상대방을 끌어당긴다
허벅다리걸기

⑷ 메치기

약속연습에서 실제로 상대방을 메꽂습니다. 메쳐진 상대방은 바로 일어납니다. 몇 번이고 반복해서 연습합니다.

유도의 연습에서는 통상 '메치기' → '메꽂기' → '대련'의 순서로 연습해갑니다.

3 체력 트레이닝

유도에 필요한 체력은 연습을 통해서도 길러지지만 별도로 계획적인 체력 훈련을 실시하여, 기초체력 만들기와 각 부분의 체력을 보강하여 기술을 받쳐주는 토대를 만드는 것이 중요합니다.

⑴ 강해지기 위해서 필요한 체력

(1) 근력(筋力)과 순발력

상대방과 겨룰 때 지지 않을 완력, 상대방에게 끌려가지 않고 자기의 자세를 유지할 수 있는 등의 근력(背筋力), 목의 힘, 상대방을 업어 메칠 수 있는 다리와 허리의 힘 등 이런 부분의 근력을 순간적으로 사용할 수 있는 순발력이 필요합니다.

(2) 스피드

빠른 기술을 구사하기 위해서는 반사적으로 대응할 수 있어야 합니다.

(3) 지구력

시합을 할 때 쉬지 않고 계속 공격할 수 있는 스태미너 없이는 앞으로 국제적인 선수가 될 수 없습니다. 근육의 지구력, 호흡의 순환기능이 필요합니다.

(4) 유연성

신체의 유연성은 공격과 수비의 영역을 넓혀줍니다. 부상을 방지하는 데도 도움이 됩니다.

(5) 밸런스

유도는 밸런스 운동입니다. 그러므로 밸런스를 유지하는 것이 포인트입니다. 특히 무릎을 유연하게 하여 밸런스를 유지하는 것이 중요합니다.

〔2〕 자기의 체력을 알아두자

일반적으로 실시하고 있는 체력 테스트의 항목과 챔피언의 측정치를 예로 들어보았습니다. 자기의 체력을 1년에 몇 번씩 측정하여 챔피언의 수치와 비교해보고, 목표를 설정하여 체력단련에 힘씁시다.

(1) 형태의 측정

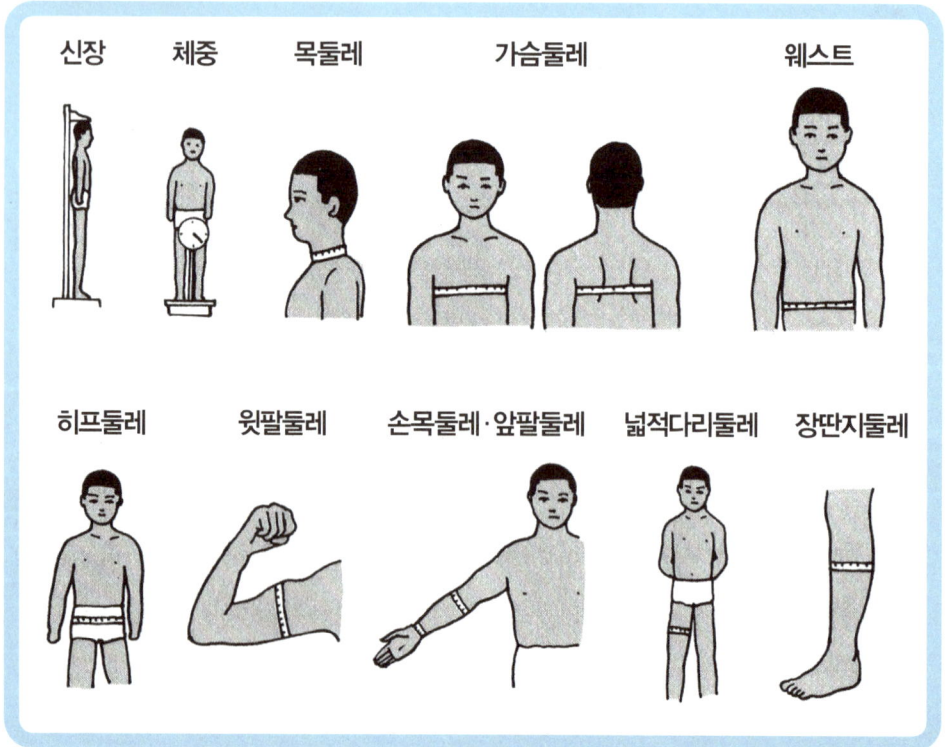

(2) **기능측정**

| 쥐는 힘 | 등근육의 힘 | 팔힘 |

| 근육의 지구력 | 다리힘 |

| 파워 | 지구력 | 유연성 |

민첩성

(3) 챔피언의 체형별체격·체력측정일람

체형			야윈형		날씬한 형		비만형	
이름			園田義男	柏崎克彦	園田 龍	팔리지(프)	遠藤純男	山下泰裕
신장 (cm)			169.5	172	176.5	183	169.2	180.5
체중 (kg)			66.0	68.5	86	105	121.3	127.9
팔의 길이(cm)		우	79.6	75.8	77.7	75.9	72.5	78.0
		좌	75.6	76.3	76.9	78.6	72.7	78.0
다리의 길이(cm)		우	91.7	94.6	95.4	105.2	85.3	105.0
		좌	92.7	91.4	94.5	104.8	83.0	105.0
목 둘레 (cm)			39.0	41.4	42.5	44.5	48.0	46.3
가슴 둘레 (cm)			95.5	108.1	101.0	112	120.5	123
윗팔 둘레(cm)	屈曲	우	31.1	33.6	38.1	42	49.2	46.5
		좌	32.8	32.3	38.2	42	49.2	46.9
	伸展	우	29.5	29.7	34.8	37	46.0	44.7
		좌	30.2	30.0	35.2	37.5	45.5	44.5
앞팔 둘레(cm)		우	26.2	27	29.6	32	34.1	35.5
		좌	27.0	27.3	28.2	32	34.0	35.5
손목 둘레(cm)		우	17.8	17.7	18.5	21	19.0	20.6
		좌	17.1	18.3	18.5	20.5	19.2	20.7
넓적다리 둘레(cm)		우	54.0	55	61.3	64.0	76.0	71.7
		좌	52.5	54.5	62.0	63.5	76.2	71.2
장딴지 둘레(cm)		우	34.4	36	40.4	41.5	46.1	49.1
		좌	35.6	36	41.0	40.5	45.8	49.1
웨스트 둘레 (cm)			79.9	77.5	89.8	92	114.8	118.0
히프 둘레 (cm)			91.8	71.9	98.5	105	115.1	119.2
피하지방(복부) (mm)			6	6.5	12.5	12.5	39.0	30.0
사이드 스텝 回			51	52	44	42	47	48
수직뛰기 (cm)			53.2	56.3	59.4	59.6	52.4	52.5
악력(kg)		우	48	60.5	64	61	57	72
		좌	48	60.5	59	63.5	54	63
등근력 (kg)			153	208	210	274	208	205
엎드려 팔굽혀펴기 回			80	100	100		50	55
폐활량 (cc)			4,320	4,640	4,880	6,000	5,440	6,600
서서 몸앞으로 굽히기 (kg)			21.0	17.4	15.5	12.3	5.5	9.5
엎드려 몸앞으로 굽히기(kg)			44.5	48.5	42	52	56.4	54.0

(3) 유도선수의 체형

유도선수의 체형은 크게 세 가지로 나눌 수 있습니다.
① 깡마른 체형 : 키가 크고, 다리가 길다
　→ 장신, 긴 팔, 다리를 살린 기술
② 날씬한 체형 : 근육질이고 근육이 튼실하다
　→ 유도선수에는 이런 체형이 많다. 팔힘이 세고 다리의 힘을 사용한 기술
③ 뚱뚱한 체형 : 근육이 많고 지방이 있다
　→ 95kg 이상, 체중도 하나의 무기가 된다.

(4) 체력 트레이닝 방법

체력훈련을 하는 방법은 여러 가지가 있습니다. 가령 웨이트 트레이닝, 아이소매트릭 트레이닝(靜的 트레이닝;팔씨름, 줄다리기 등과 같이 특수기구 없이 간단히 하는 트레이닝), 서킷 트레이닝(기초체력의 양성을 도모하는 순한 훈련법) 같은 방법, 또는 축구, 농구 같은 다른 경기를 통해서 체력을 양성하는 방법입니다.

유도에서의 체력 트레이닝은 이런 방법을 통해서 잘 조화된 기초적인 체력을 양성하여(보강운동), 유도기술의 발전, 향상을 측면에서 보조하기 위한 체력가꾸기(보조운동)를 하고 있습니다. 유도 연습과 체력 트레이닝을 잘 짜맞추어 체력 트레이닝이 유도의 기술향상과 잘 결부되게 하는 것이 중요합니다.

(1) 체력 트레이닝

　a. ① 기구를 사용하지 않는다
　　　② 기구를 사용한다(주로 웨이트 트레이닝)
　b. ① 단독으로 한다
　　　② 2인조 등 복수의 사람으로 한다

(2) 트레이닝의 원칙에 대해서

트레이닝을 실시할 때는 다음과 같은 방법을 지켜서 올바르게 실시하도록 합니다.
　a. 일정수준 이상의 부하(負荷)를 건다
　　— 오버 로드(overload;능력 이상의)의 원칙
　b. 서서히 강도와 부하를 늘려간다
　　— 점진성의 원칙

c. 장기간에 걸쳐서 트레이닝을 계속한다
—계속성의 원칙
d. 효과나 목적 등을 충실하게 이해하여 자주적, 의욕적으로 실시한다
—자주성, 주체성의 원칙
e. 자기에게 적합한 방법으로 치우치지 않게 실시한다
—개별성, 전면성의 원칙

(3) **트레이닝의 실시 예**

몸을 유연하게 한다(준비체조, 정리체조에도 도입할 수 있다)

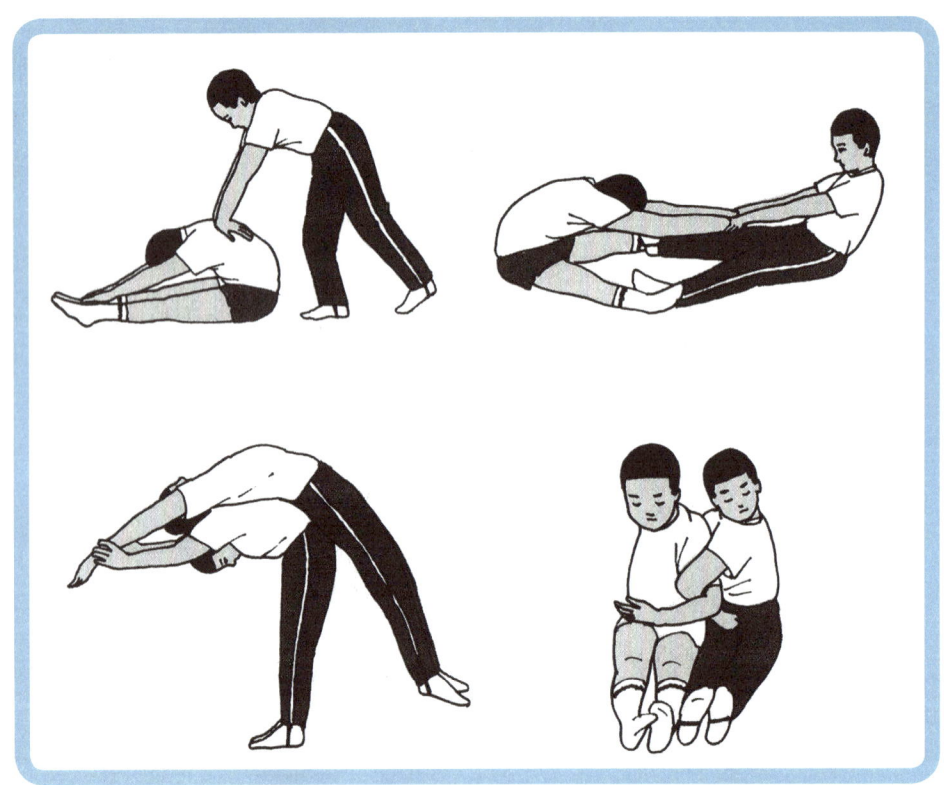

팔, 어깨, 가슴을 단련한다

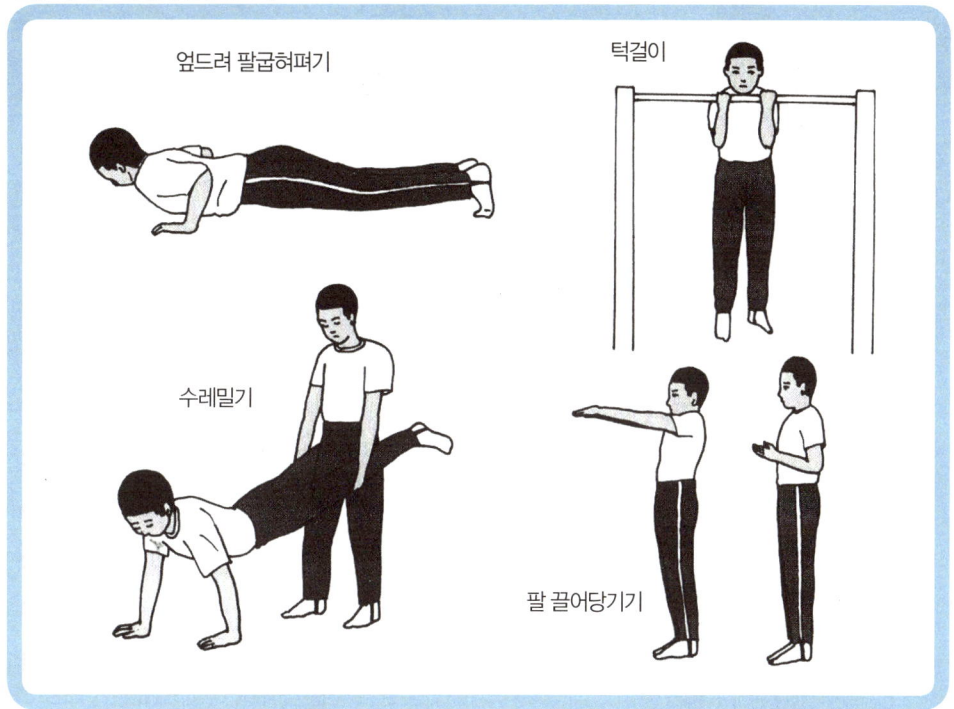

배, 등, 허리의 근육을 단련한다

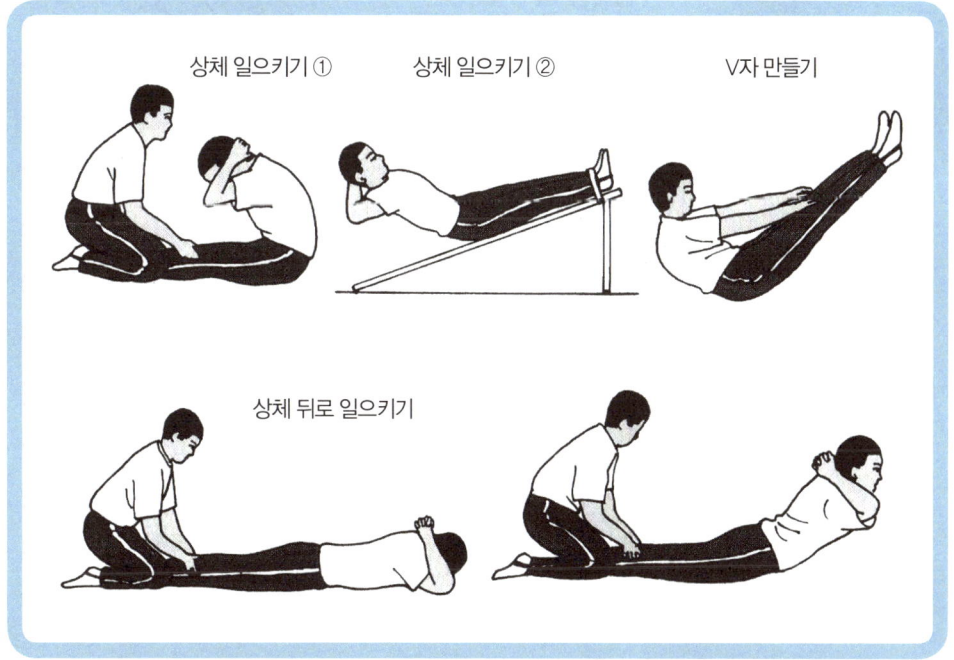

다리를 단련한다

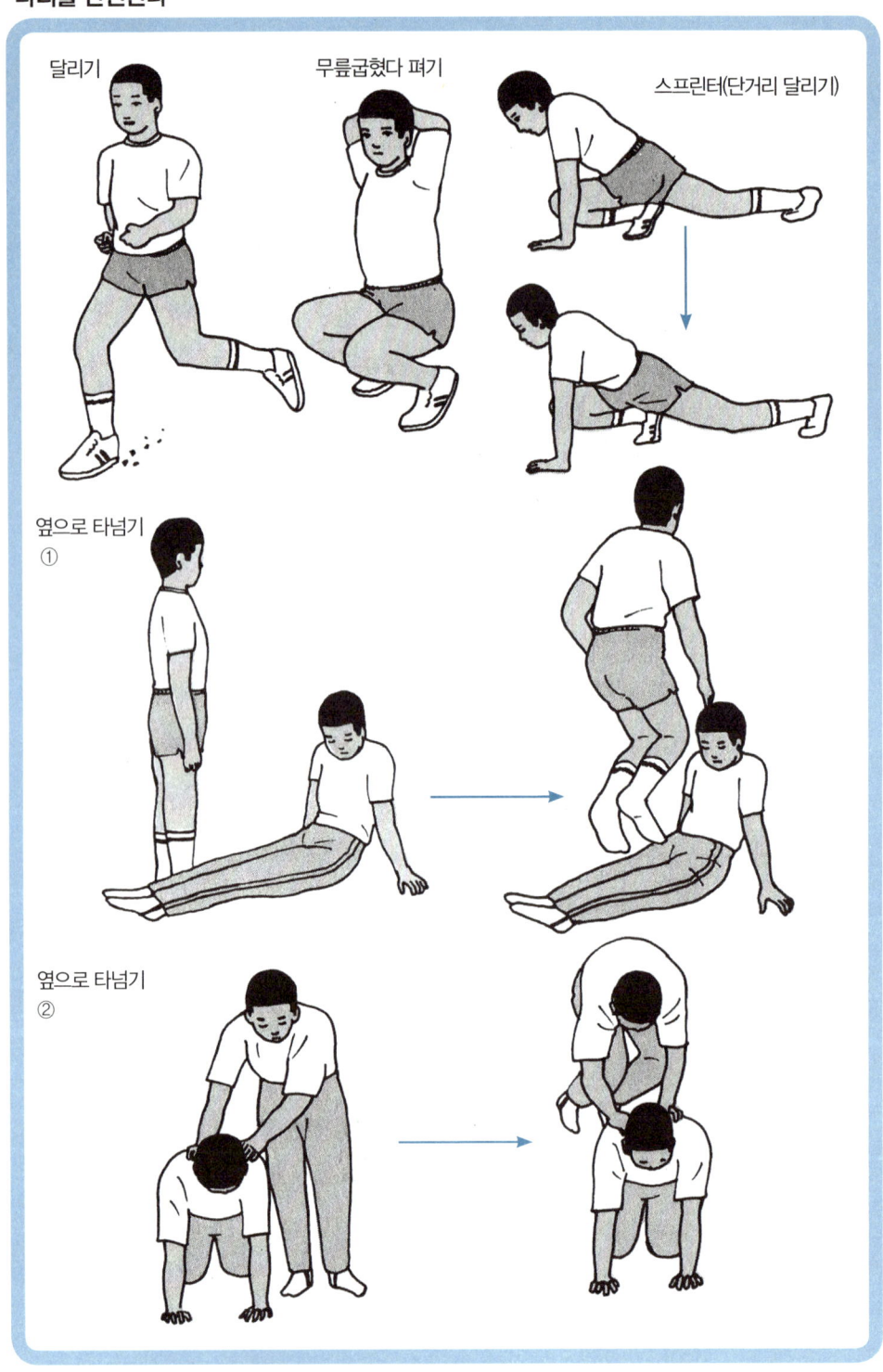

악력(握力)과 목을 단련한다

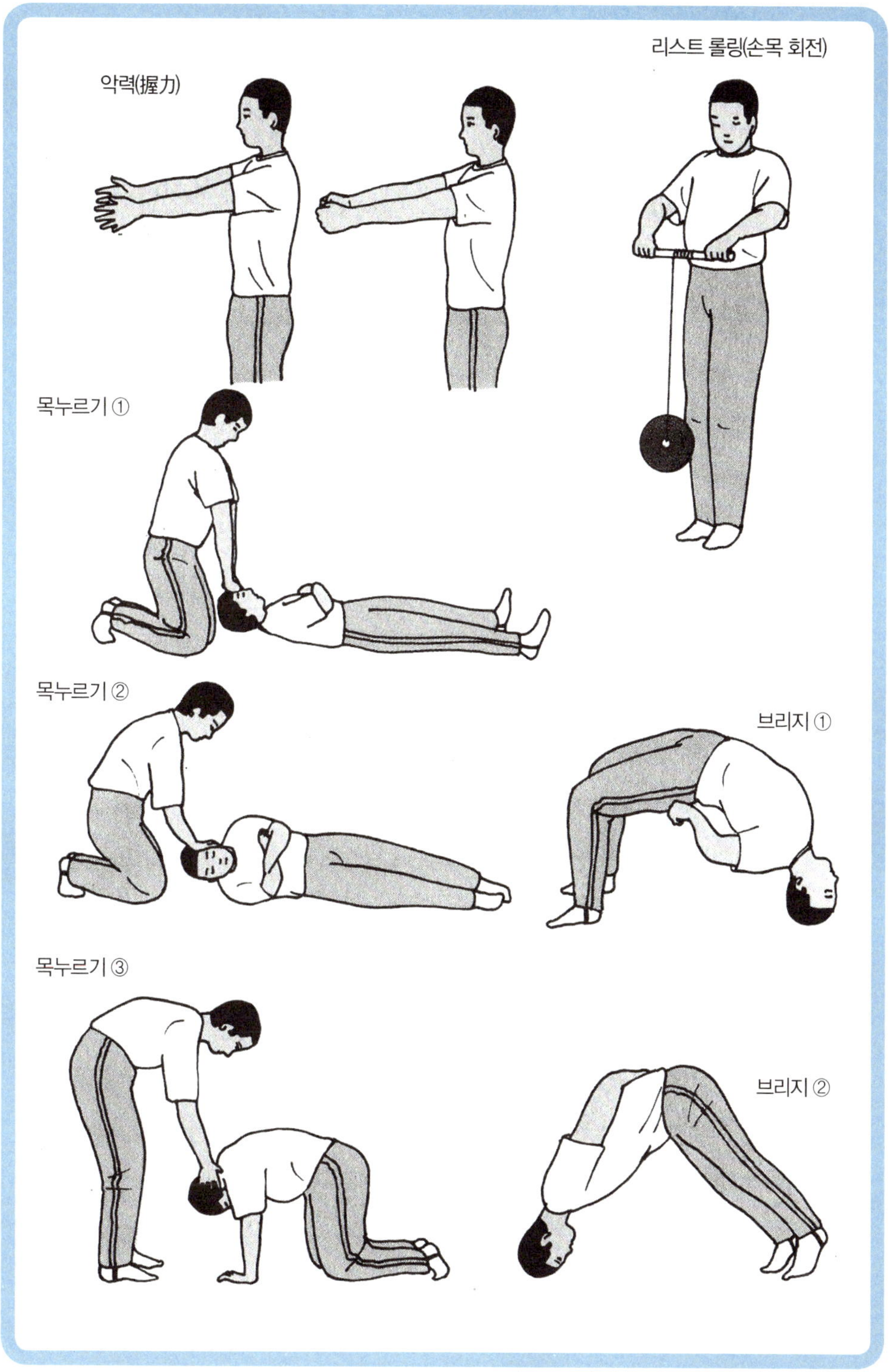

악력(握力)

리스트 롤링(손목 회전)

목누르기 ①

목누르기 ②

브리지 ①

목누르기 ③

브리지 ②

전신, 민첩성을 단련한다

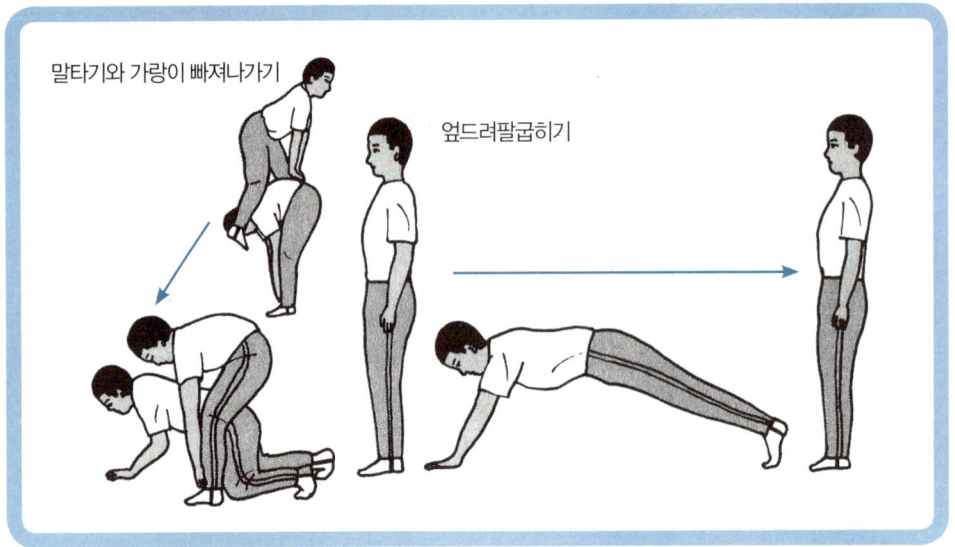

역기, 아령을 사용한 간단한 웨이트 트레이닝

역기 운동

아령 운동

등뒤로 들어올리기

무릎굽혔다펴기

근력기르기 : 최대근력의 약 2/3 이상의 무게(8~10회 정도)를 들어올렸다 내렸다 한다.

파워 기르기 : 최대 근력의 약 1/3 이상의 무게를 가급적 신속하게 들어올렸다 내렸다 한다.

(4) 기술을 연결시킨 운동

메치기의 몸놀림이나 양손, 발동작을 혼자서 또는 상대방과 함께 반복해서 연습합니다. 이 때, 혼자서 할 때는 아령 같은 기구를 사용하여 부하를 걸면서 합니다.

굳히기의 보조운동을 반복해서 연습합니다.

4. 연습계획을 세우는 법

매일 하는 유도의 연습은 그저 막연하게 하면 성과가 오르지 않습니다. 기술이 향상되려면 우선 '목표'를 세우고, 그 목표를 향해서 계획적으로 연습할 필요가 있습니다. 목표에는 자기의 개인적인 목표와 유도부나 도장 전체의 목표가 있습니다. 이런 목표를 확실하게 파악하여, 연습계획을 세워봅시다.

자기의 목표를 가지고 있는 사람은 아무리 어려운 일이라도 연습을 견뎌낼 수 있습니다. 자기의 목표를 자각하는 것이 인내력을 기르고 인내하면서 힘든 연습을 극복함으로써 자신감도 생기게 됩니다.

연습계획
① 하루의 계획 ② 주간계획 ③ 월간계획 ④ 연간계획
⑤ 특별한 계획(강화연습, 합숙연습)

〈東海大學 相模高校의 한 예〉
- 하루의 스케줄

6:00	기상	8:30		19:30	저녁식사
6:10	트레이닝	↓	수업	20:00	
↓	(런닝 또는 웨이트	15:15		↓	공부
7:10	트레이닝)	16:00	연습(메치기, 대련	22:00	
↓	청소, 수업준비	↓	기타)	22:30	소등(취침)
8:00	아침식사	19:30	목욕		

- 주간계획의 한 예

	월	화	수	목	금	토
아침 6:10 ~ 7:30	웨이트 트레이닝	런닝	웨이트 트레이닝	휴식	웨이트 트레이닝	런닝(또는 球技)
오후 4:00 ~ 6:30	연습	대학에 가서 연습	연습	연습	연습	대학에 가서 연습(전원)

⟨하루의 연습예(2시간)⟩
① 정좌, 인사, 연습상의 주의 ─────────────────── ⎤
② 준비운동, 기본동작 ──── 준비체조, 낙법   ⎦ 10분
③ 보조운동 ───────── 메치기, 굳히기의 단독연습 ⎤
④ 메치기 ────────── 기초연습, 약속연습, 기술의 설명 ⎦ 10분
⑤ 대련 ──────────── 메치기, 굳히기 ───────── 80분
⑥ 보조운동, 메치기 ─── 체력을 만들기 위한 보조운동 ─ 10분
　　　　　　　　　　　기술연구를 겸한 약속연습
⑦ 정리운동 ───────── 릴랙스 체조 ──────────── 5분
⑧ 정좌, 묵상, 연습에 대한 반성 ─────────────── 3분

　연습계획을 세우는 방법은 목표에 따라서 여러 가지가 있습니다. 효과적인 연습방법을 세워서 부지런히 연습하기 바랍니다.

여러 가지 목표

① 시합에 임한다 ② 기초체력의 양성, 기초기술의 습득 ③ 정신력을 단련한다(무더운 여름철의 연습, 추운 겨울철의 연습) ④ 굳히기에 중점을 둔다(겨울철 등), 메치기를 중점적으로 연습한다.
⑤ 기타

　또한 휴식도 충분히 취하여 지나친 피로가 쌓이지 않도록 계획을 세우는 것이 중요합니다. 피로가 쌓이면 연습의 질과 양을 떨어뜨리게 되는 등 지나친 트레이닝이 되지 않도록 주의합니다. 특히 시합을 목표로 했을 때는 시합일에 베스트 컨디션(마음, 기술, 몸의 상태)이 되도록 계획을 세우지 않으면 안 됩니다.

柔道 Judo

Part

메치기

메치기는 상대방의 자세를 기울여서 매트에 쓰러뜨리는 것을 말하며, 그 기술의 종류는 여러 가지가 있습니다. 기술을 분류하면 선 기술과 누워메치는 기술이 있습니다.

04

메치기는 상대방의 자세를 기울여서 매트에 쓰러뜨리는 것을 말하며, 그 기술의 종류는 여러 가지가 있습니다. 기술을 분류하면 선 기술과 누워메치는 기술이 있습니다. 이 책에서는 이 중 기본적인 기술을 소개하겠습니다.

메치기의 '한판'

 기술을 걸든가 또는 상대방의 기술을 풀어서 적절한 기세로, 또는 탄력을 이용하여 쓰러뜨렸을 때. 위를 향해 누운 상대방을 어깨 높이로 교묘하게 끌어올렸을 때. 기회를 잡아서 메치는 쪽을 '잡기' 메쳐진 쪽을 '받기'라고 부르는데 잘 기억해 두시기 바랍니다.

1 } 손기술

⑴ 빗당겨치기

● 대표적인 타이밍기술

 상대방이 이동할 때의 순간을 잘 이용하여 자기의 손·허리·다리의 힘을 일치 협력한 동작으로 메치는 타이밍 기술입니다. 시합할 때 흔히 사용하는 기술인데, 이것은 상대방과의 체격의 차이가 별로 장해가 되지 않고, 키가 작은 사람이라도 상대방에게 기선을 빼앗기는 일이 적기 때문입니다.

①②좌측 자연체로 상대방과 맞서서 서로 밀어낸다

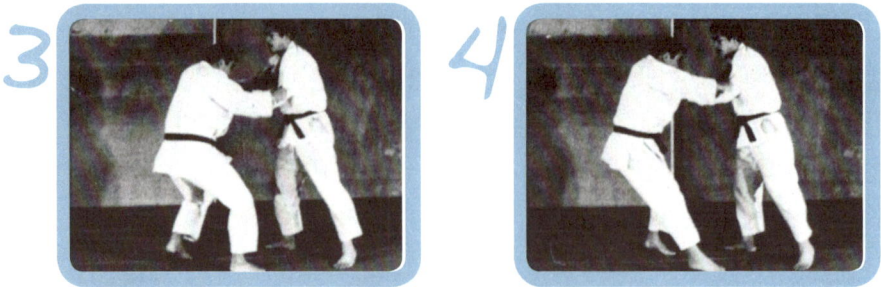

③④상대방이 미는 순간을 포착하여 앞쪽으로 잡아당긴다

⑤⑥⑦잡아당기면서 우측 다리를 축으로 하여 자기의 몸을 틀어 왼발을 상대방의 왼발 앞으로 내민다(왼발을 상대방의 왼쪽 발목에 댄다)

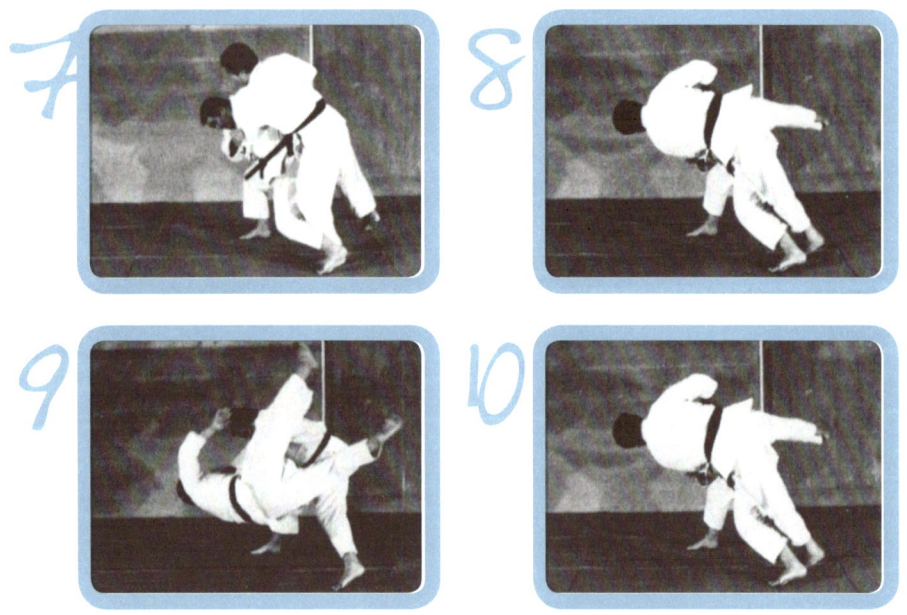

⑧⑨⑩다리와 허리의 반동을 이용하여 단숨에 앞쪽으로 메친다

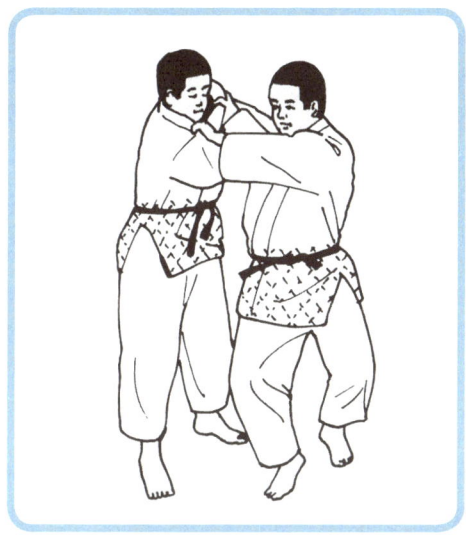

양손 사용법(오른쪽 잡기)
- 당기는 왼손은 팔꿈치를 수평이 되게 하여 당긴다
- 낚아채는 오른손은 밑에서 상대방의 좌측 겨드랑이 밑을 밀어올린다

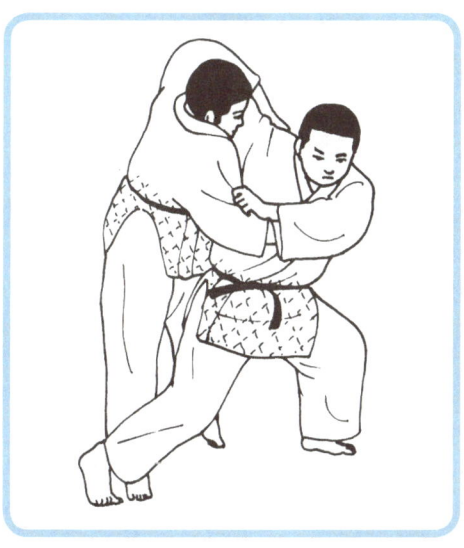

발과 허리 사용법
- 무릎에 여유를 두고 들어간다(무릎을 꾸부리고 허리는 꾸부리지 않는다)
- 오른발의 발끝은 안쪽을 향하게 한다
- 상대방의 몸에 자기의 엉덩이가 붙지 않도록 가슴을 편다

(2) 한팔업어치기
● 키가 작은 사람이 키가 큰 사람을 제압하는 큰 기술

상대방이 밀어붙이는 힘을 이용하여, 상대방을 완전히 등에 업어 메치는 기술입니다. 상대방을 자기의 어깨를 중심으로 반원을 그리면서 메칩니다. 양다리로 힘껏 받치고 있을 것과, 상대방의 몸의 중심(重心)이 높을수록 상대방의 몸을 업기 쉬우므로 키가 작은 사람이 키가 큰 사람을 메칠 때 가장 효과적인 기술이라 하겠습니다.

①②우측 자연체에서 상대방을 민다

③④상대방이 되미는 순간을 포착하여 다시 끌어당겨 우측 앞쪽으로 끌어당긴다

⑤⑥왼손으로 상대방을 앞쪽으로 끌어당기면서 우측 다리를 축으로 하여 돌리고, 자기의 오른손을 상대방의 겨드랑이 밑으로 충분히 넣어 상대방의 오른팔을 잡고 상대방을 완전히 업는다

⑦⑧⑨ 무릎을 펴서 단숨에 상대방을 앞쪽으로 메친다

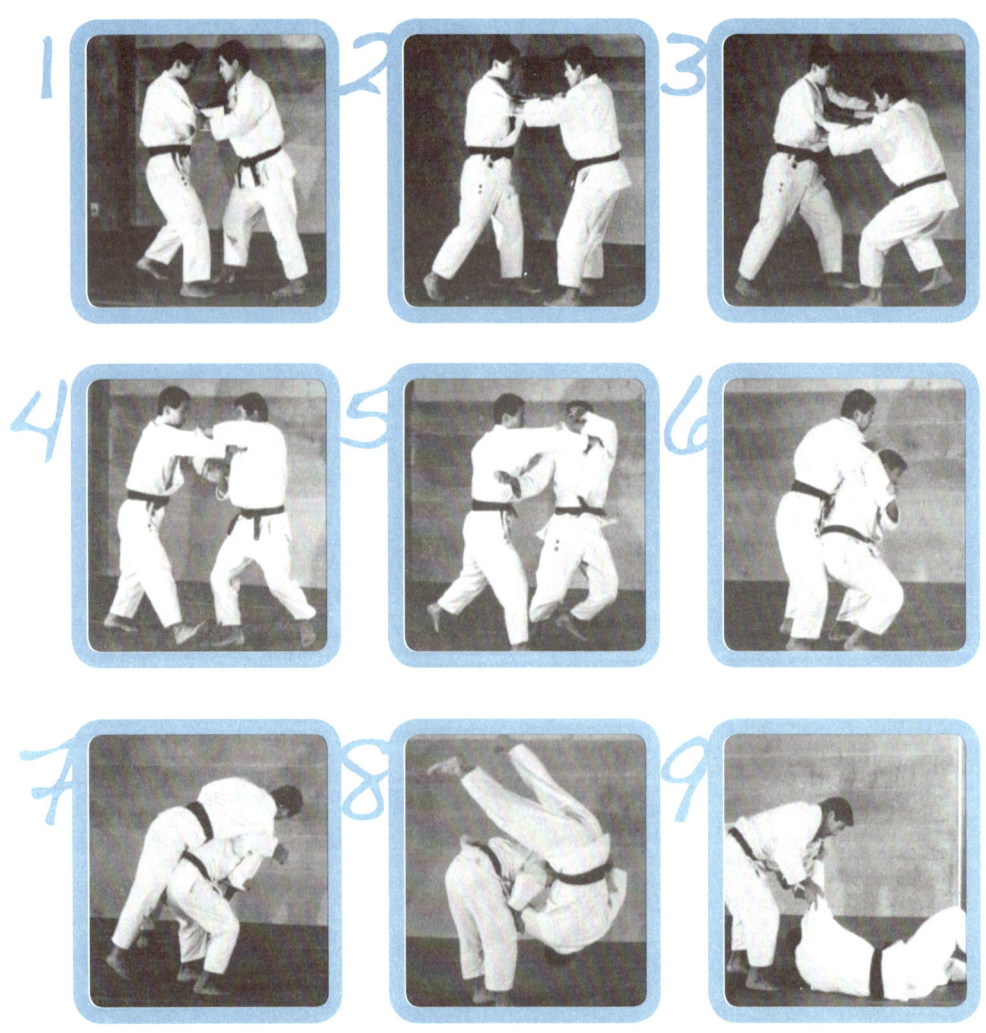

오른쪽잡기에서 왼쪽으로의 한팔업어치기

자기가 오른쪽 상대방이 왼쪽을 잡는(자기가 오른쪽 잡기를 하고 상대방의 왼쪽을 잡거나 또는 그 반대) 경우에 효과적이며 오른쪽에서 왼쪽으로 변화하기 때문에 상대방은 의표를 찔린 형세로 됩니다. 즉, 상대방을 오른쪽 방향으로 흔들어 반사적으로 상대방이 되돌아가려는 순간을 포착하여 메칩니다. 이 때는 스피드가 필요합니다.

①②자기는 오른쪽 잡기(상대방은 왼쪽)에서 상대방을 오른쪽 앞쪽으로 끌어당기려 한다.

③④⑤상대방이 자세를 고치려 하는 순간을 포착하여 왼쪽으로 한팔업어치기로 바꾸어

⑥⑦⑧단숨에 앞쪽으로 메칩니다.

팔업어치기를 할 때 손, 발, 허리의 사용법

- 상대방의 오른팔을 우측 겨드랑이 밑으로 껴안는다.
- 자기의 우측 새끼손가락을 안쪽으로 휘어감듯이 하면 좋다.
- 가슴을 편다.
- 양무릎을 꾸부리고 양발의 발끝에 몸의 중심을 싣는다.
- 허리를 충분히 꾸부린다.

- 오른쪽 잡기에서 왼쪽으로의 한팔업어치기의 경우

⑶ 양손업어치기

한팔업어치기와 마찬가지로 상대방을 업어 메치는 기술로, 한팔업어치기와의 차이는 잡기의 꾸부린 팔을 받기의 겨드랑이 밑으로 넣는다는 점입니다.

⑴ 상대방을 끌어당겨 메치는 경우

①②③ 좌측 자연체에서 오른발을 크게 당겨 상대를 앞으로 끌어낸다.

④⑤⑥ 우측 다리를 축으로 하여 비틀고, 상대를 업어

⑦⑧⑨ 단숨에 앞쪽으로 메친다.

(2) **상대방에게 뛰어들어 메치는 경우**
①②③ 좌측 자연체에서 왼발을 상대방의 발 앞으로 기세 좋게 뛰어드는 것처럼 내딛고
④⑤ 왼쪽 다리를 축으로 하여 신속하게 회전하여, 상대방의 겨드랑이 밑으로 왼쪽 팔꿈치를 넣은 후 무릎을 꾸부리고 허리를 낮추어 상대방을 업는다
⑥⑦⑧ 단숨에 앞쪽으로 메친다

양손업어치기를 할 때 손을 사용하는 법

- 상대방의 겨드랑이 밑에 자기의 왼손을 밀착시켜 넣는다. 이 때 팔꿈치를 다치지 않도록 하기 위해 왼손 넷째손가락을 유도복으로 감는다.
  당기는 손의 사용법은 처음에는 위쪽 가슴을 펴고 낚아채는 손이 겨드랑이 밑으로 손이 들어가기 쉽게 해준다. 그 후 겨드랑이 밑으로 들어간 왼손이 덮히도록 아래로 당긴다.
- 무릎을 충분히 꾸부리고 발끝에 몸의 중심이 실리게 한다.

 **2 } 허리기술**

허리기술은 주로 허리를 사용하여 메치는 기술로써 다음과 같은 두 가지로 대별할 수 있습니다.
　①상대방을 자기의 허리에 실어서 메친다 – 허리껴치기, 허리채기, 허리돌리기 등
　②허리를 비틀어서 상대를 메친다 – 허리띠기, 허리후리기

⑴허리껴치기

● 허리기술의 기본기
　상대방을 자기의 허리에 실어 발목의 반동을 이용하여 메치는 기술입니다.
　①②　　우측 자연체에서, 상대방을 밀어붙여
　③④⑤⑥상대방이 자세를 바로 고치기 위하여 되밀어오는 힘을 이용하여 자기의 좌측 끌어당기는 손을 살려 우측 앞쪽 구석으로 쓰러뜨리면서 자기의 오

른발을 축으로 하여 몸을 회전시키고, 왼발도 돌려서 허리를 낮추어 상대방을 자기의 허리에 얹히게 한다. (이 때 오른손을 상대방의 겨드랑이 밑에서 뒤쪽으로 깊게 넣어 상대방의 허리를 끌어안는다)

⑦⑧⑨ 무릎의 반동을 사용해서 허리를 지점(支點)으로 삼아 앞으로 메쳐 꽂는다.

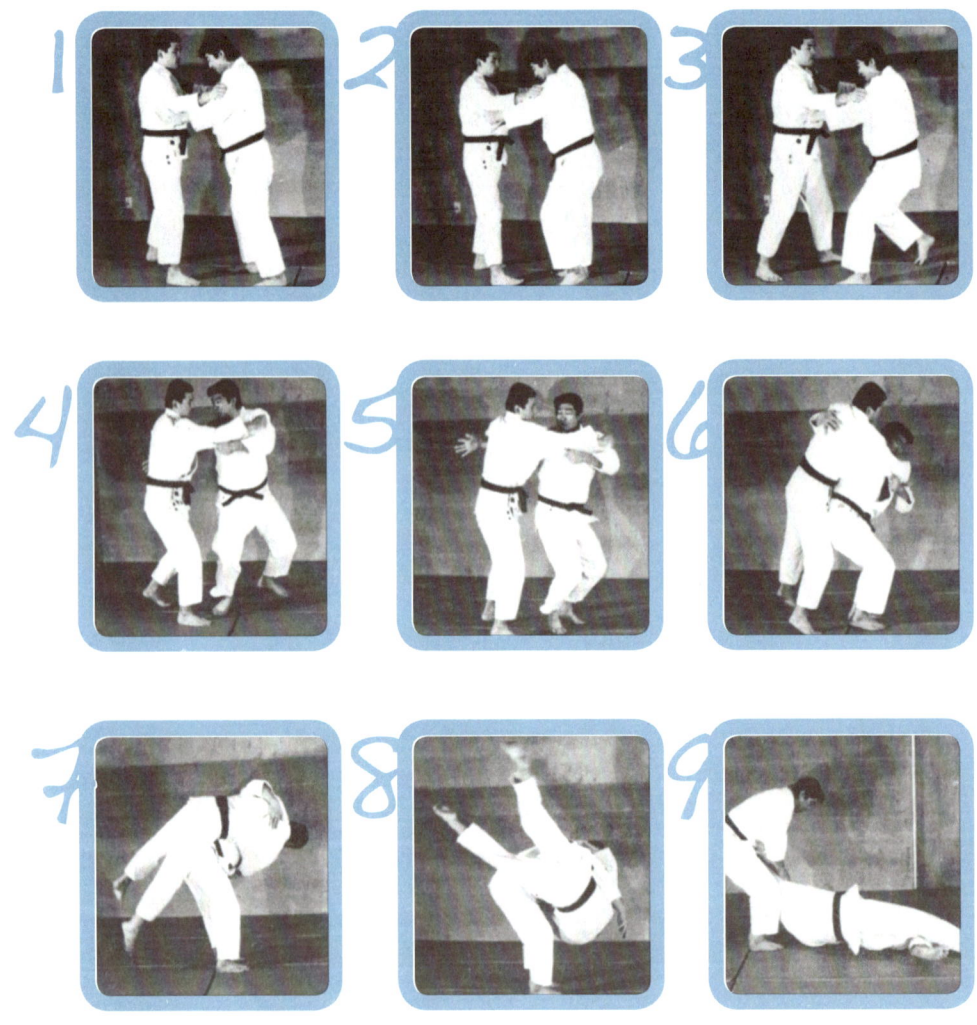

※ 이 기술은 기울이기나 만들기, 몸쓰기, 허리나 손을 쓰는 방법의 연습에 매우 효과적이며, 또 받기는 앞으로 도는 낙법의 실천적 연습이 됩니다. 두 사람이 서로 교대로 허리껴치기를 하면서 메치기의 이론과 기본을 배우면 좋을 것입니다.

〈허리껴치기에 얽힌 에피소드〉

메이지(明治) 23년(1891년) 1월, 가노 지고로 선생은 유럽에서 귀국하던 중 배위에서 지나가던 한 러시아의 건장한 사나이와 한판 붙지 않으면 안 되었는데 앞에서 달려드는 이 사나이를 허리껴치기로 메꽂았다고 합니다. 이 때 머리부터 떨어지는 상대방의 목언저리를 선생이 손으로 받쳐주어 발부터 떨어지게 했기 때문에 그 사나이는 다치지 않았는데 그러자 주위의 관중들로부터 박수를 받았으며 상대했던 러시아 사나이도 악수를 청해 왔다고 합니다.

(2) 허리후리기(拂腰)

● 호쾌한 결정타

허리껴치기는 상대방을 허리에 얹어서 메치는 기술이지만 허리후리기는 허리를 얕게 하고 상체를 비틀어 메치는 허리띄기를 변화시킨 기술로써 다리로 상대를 들어올려 메칩니다.

(1) 상대방을 끌어당기는 경우

①②③ 우측 자연체에서 상대방을 밀어내어

④⑤⑥ 상대방이 되미는 힘을 이용하여 상대방을 우측 앞구석으로 기울이면서 왼발을 축으로 회전하여 상대방의 몸을 자기의 오른쪽으로 끌어당겨 오른쪽 다리를 상대방의 대퇴부에서 무릎 부분에 댄다.

⑦⑧⑨ 몸을 왼쪽으로 비틀면서 오른쪽 다리로 상대방을 들어올리듯이 후려서 메친다.

(2) 돌아서 들어가는 경우

 이 기술은 교묘하게 상대방의 의표(심리)를 찌르는 기술입니다. 즉 왼쪽 기술을 거는 것처럼 하면서 재빨리 오른쪽 기술로 옮기는 것으로서 이런 일련의 동작에 상대방이 당황하는 틈새를 이용해서 합니다.

①②오른쪽 잡기에서 왼발을 내디디고 왼쪽 기술로 들어가는 동작을 한다
③④⑤잡기는 자세를 바르게 고치기 위해, 체중을 오른쪽으로 이동시키는데 이 때를 포착하여 내민 오른발을 축으로 하여 신속하게 몸을 회전시켜 오른쪽 허리후리기로 들어가고 (돈다)
⑥⑦⑧ 오른발로 상대방을 후려올려 메친다.

〈허리띠기와 허리후리기에 얽힌 에피소드〉

　가노 지고로 선생이 장기로 쓰는 기술은 허리띠기였습니다. 선생의 제자로 사이고 지로(西鄕四郞)라는 사람이 있었는데 선생의 허리띠기를 앞쪽으로 날듯이 썼습니다. 그래서 가노 선생은 피하는 발을 자기의 다리로 들어올리면서 막고 메치는 연구를 했습니다. 이것이 허리후리기 기술입니다.

메치기 :: 91

⑶ 허리채기

상대방을 낚아올려 허리에 실어 메치는 기술입니다.

①② 우측 자연체에서 상대방을 내밀어,

③④⑤ 상대방이 되미는 힘과 자기의 끌어당기는 힘을 이용하여 상대방을 오른쪽 앞구석으로 기울이면서 자기도 돕니다. 오른손으로 상대방의 왼쪽 겨드랑이 밑을 들어 올립니다.

⑥⑦⑧ 허리를 낮추고 무릎을 꾸부려 상대방의 몸을 자기의 허리에 밀착시키면서 허리에 실은 다음 양손을 써서 몸을 왼쪽으로 비틀어 메칩니다.

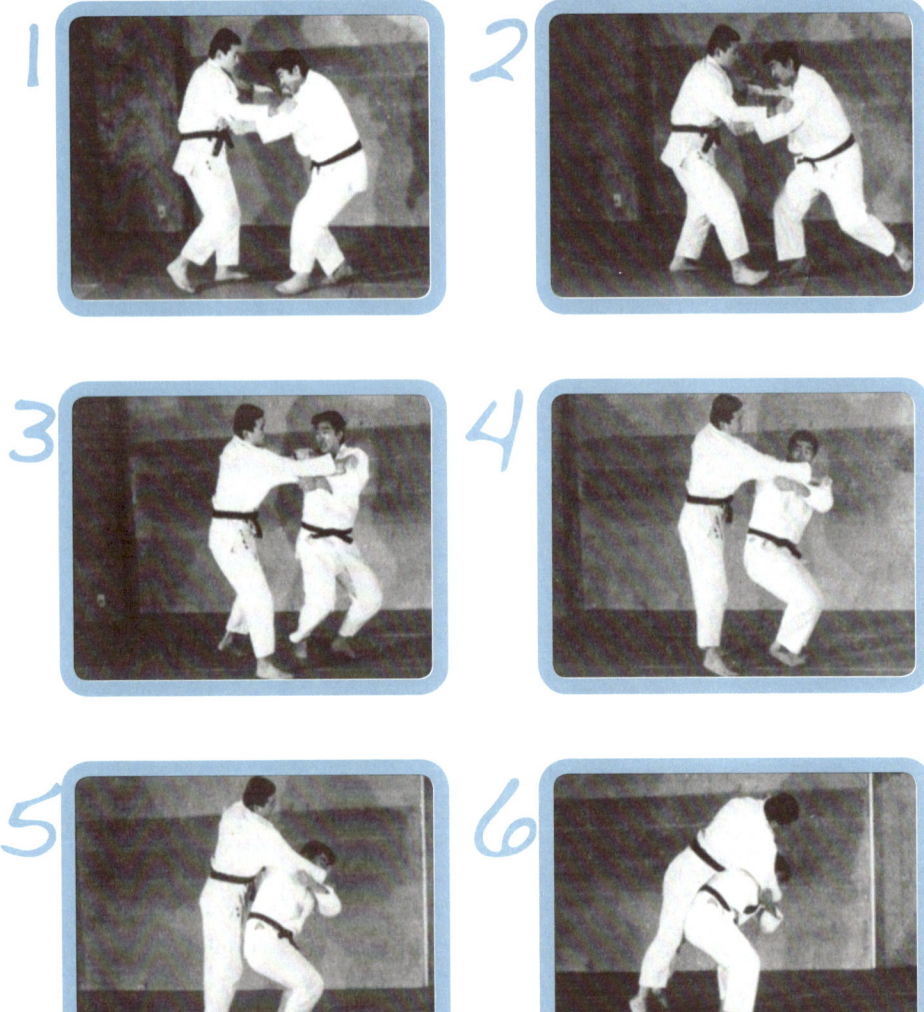

〈허리채기와 허리후리기에 얽힌 에피소드〉

 허리띄기 기술을 걸기 위해서 먼저 성급하게 피하려는 것을 다리로 막고 위로 후려쳐서 메치는 기술(허리후리기)이 생겨난 것은 앞에서 말한 대로이지만 허리채기는 이 허리후리기에 걸리지 않으려고 상대방이 배를 내밀고 몸을 제껴서 방어할 때 뒤쪽으로 몸을 제낀 상대방을 다시 기울이면서 메치기 위하여 고안된 기술입니다.

허리채기의 포인트

- 오른손 – 팔꿈치를 꾸부리고, 상대방의 왼쪽 옆구리로 손이 들어가는 듯한 기분으로 채어 올린다.
- 허 리 – 무릎을 낮게 꾸부려서 들어간다. 자기의 우측 뒤쪽 옆구리에서 등을 상대방의 앞쪽으로 평행이 되게 밀착시킨다.

〔4〕소매들어허리채기

 기술을 거는 찬스는 허리채기와 똑같은데 〈 자 모양으로 소매를 잡은 쪽을 채올려서 메칩니다. 상대방의 의표를 찌를 수 있는 실천적인 기술입니다.

①②우측 자연체로 맞잡고 상대를 민다. 이 때 왼손은 상대방의 소매자락 가까이를 잡는다.

③④⑤⑥상대방의 되미는 힘을 이용하여, 왼쪽 앞구석으로 기울이면서 소매를 잡은 왼손을 채올리면서 몸을 돌려 허리채기 자세를 취한다.
⑦⑧⑨⑩채올린 왼손을 앞으로 내밀도록 하여 끌어당기는 오른손을 아래쪽으로 잡아당겨 단숨에 앞으로 메친다.

소매들어허리채기

⑸ 허리튀기

　무릎을 〈자 모양으로 꾸부린 다리와 허리로 상대방을 채올려서 메치는 기술. 상대방의 품 안으로 기세 좋게 달려들어 단숨에 채올립니다.

①②③④ 우측 자연체에서 상대방을 우측 앞구석으로 기울이면서, 우측 발로 밟고 왼발을 상대방의 오른발 앞으로 내밀어 오른쪽 다리를 〈자 모양으로 꾸부려서 상대방의 오른쪽 다리에 댄다(이 때 상대방의 몸을 충분히 끌어당긴다).

⑤⑥⑦⑧ 상대방을 오른쪽 다리로 채올리면서 허리를 왼쪽으로 비틀어 메친다.

 **3 } 발기술**

    경쾌한 동작, 신속한 몸놀림으로 펼치는 발기술은 유도의 묘미라 하겠습니다. 상대방의 동작을 단숨에 캐치하는 타이밍, 빠른 스피드의 기술은 그야말로 '키가 작은 사람이 키가 큰 사람을 제압하는' 테크닉입니다. 또한 발기술은 상대방을 쓰러뜨리는 연결기술의 하나로도 잘 쓰입니다.

    발기술의 습득은 메치기 기술을 익히는 데 있어 빼놓을 수 없습니다. 발기술을 잘 익혀 두시기 바랍니다. 발기술의 방법으로는 '받치기', '후리기', '치기', '걸기'의 네 가지가 있습니다.

①받치기 – 상대방의 발목이나 무릎을 자기의 발로 받쳐서(지점으로 하여) 메치는 방법(발목받치기, 무릎대돌리기 등)

②후리기 – 체중이 실려 있는 상대방의 다리를 후려서 메치는 방법(밭다리후리기, 안다리후리기, 안뒤축후리기, 발뒤축후리기 등)

③채　기 – 체중이 실린채 이동하려는 상대방의 발을 쳐서 메치는 방법(나오는발치기, 모두걸기 등)

④걸　기 – 상대방의 다리에 댄 자기의 발을 중심으로 하여 몸을 쓰러뜨리는 방법(발뒤축걸기 등)

(1) 나오는발치기

상대방이 발을 내디디려 할 때 내디디려는 방향으로 발을 후려 메치는 기술. 상대방의 발이 스무스하게 나오도록 유도하는 것이 포인트입니다. 자기의 몸놀림과 타이밍이 중요합니다.

①②우측 자연체에서 상대방을 민다.

③④상대방이 되밀면서 한 발짝 나오려는 타이밍을 포착하여 자기는 오른발을 끌어당겨 몸을 우측으로 벌린다.

⑤⑥⑦⑧왼쪽 발바닥으로 매트에 대려는 상대방의 오른발 복사뼈 부분을 후려, 왼손을 아래로 끌어당기면서 메친다

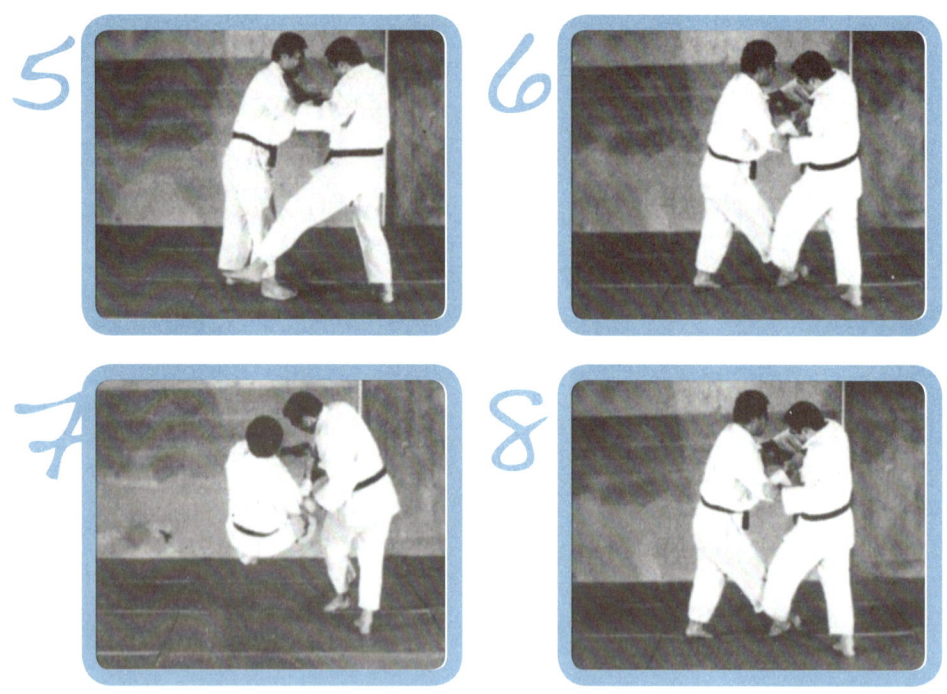

(2)모두걸기

상대방을 옆으로, 혹은 비스듬히 뒤로 이동시켜 이동하는 방향에 상대방의 양 다리를 하나의 막대처럼 하여 발바닥으로 쳐서 메치는 기술로, 이 기술도 타이밍이 중요합니다.

①②③우측 자연체에서 상대방을 좌측 옆으로 이동시킨다

④⑤ 다시 상대방이 좌측으로 이동하려는 순간을 포착하여 자기의 왼발을 크게 내디딘다.

⑥⑦⑧⑨ 왼손으로 상대방을 안쪽으로 쥐어짜듯이 하여 상대방의 자세를 붕 뜨게 하고 자기의 왼쪽 발바닥으로 상대방의 오른발 복사뼈를 후린다. (후리는 발은 일직선으로 뻗고 무릎은 꾸부리지 않는다) 자기의 허리가 꾸부러지면 잘 되지 않으므로 허리가 활처럼 휘는 듯한 느낌으로 후리면 좋다.

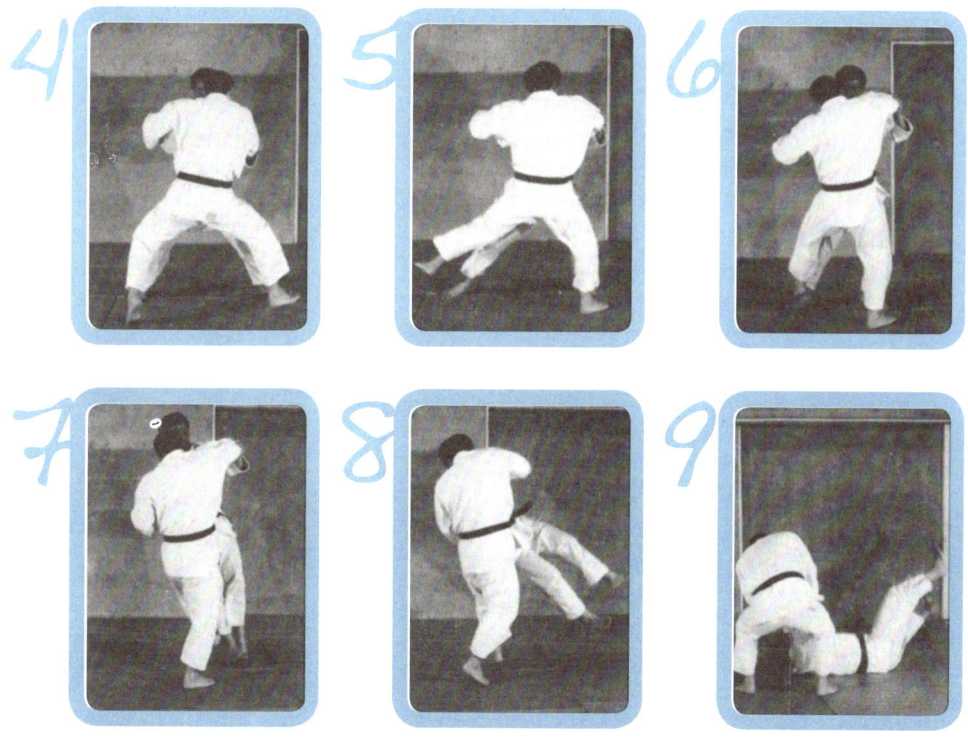

발치기 연습

　발치기 연습은 혼자서 장소도 별로 차지하지 않고 간단히 할 수 있으므로 항상 실행하도록 습관화하는 것이 중요합니다. 또한 메쳐진 사람에게는 좋은 낙법 연습이 됩니다.

나오는 발치기 연습

자연본체에서 몸을 오른쪽으로 벌려서 왼쪽 발바닥으로 치고, 다시 자연본체로 돌아가서 이번에는 반대로 왼발을 벌리고 오른쪽 발바닥으로 친다. 이런 동작을 반복해서 연습한다.

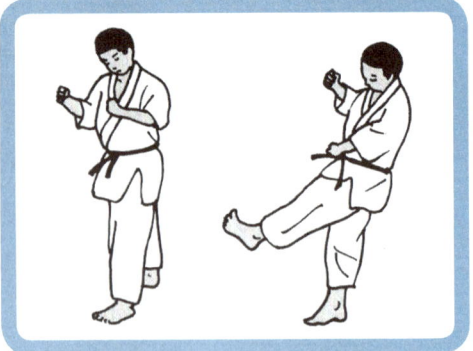

모두걸기의 연습

- 그 자리에서
  양손을 살려서, 발을 옆으로 친다.

- 이동하면서
  2, 3보 옆으로 이동하면서 타이밍을 포착하여 발로 치는 연습을 한다(좌우 교대로 연습)

(3) 발목받치기

상대방이 앞으로 나오려는 순간 자기의 몸을 열고 체중을 실어서 나온 상대방의 발을 자기의 발로 받친 후 몸을 젖혀서 비틀어 메치는 기술입니다.
①② 우측 자연체로 맞잡고 상대방을 한발짝 민다.

③④⑤상대방이 자세를 고치기 위해 체중을 오른발로 이동시켜 되밀 때, 오른발을 상대방의 왼쪽 발 옆으로 내디디고 상대방을 우측 앞구석으로 기울이면서 자기의 왼발 발바닥으로 상대방의 오른쪽 발목 앞쪽을 받친다(이때 오른손은 낚아채고, 왼손은 팔꿈치를 올려서 무너뜨린다)

⑥⑦⑧뒤쪽으로 몸을 제껴 비틀어 메친다.

왼쪽 잡기로 오른쪽 발목받치기

다른 기술과의 연결(밭다리후리기→발목받치기 등)에 자주 사용된다.

(4)안뒤축후리기

상대방이 뒤, 앞, 옆쪽으로 이동하는 순간을 포착하여 자기의 발로 체중이 실려 있는 상대방의 발 안쪽을 후려서 쓰러뜨리는 기술. 다른 기술과 연결할 때 흔히 사용된다.

(1) 몰아붙이기

①②③④ 우측 자연체에서 상대방이 뒤쪽으로 물러서려는 순간을 포착하여 오른발로 상대방에게 뛰어든다

⑤ 왼발을 재빨리 끌어당겨 오른손으로 밑에서 상대방의 턱을 쳐올리고, 왼손으로 안쪽을 조여 상대방을 밀어붙이는 동시에 오른발을 상대방의 오른발 안쪽에 댄다

⑥⑦⑧ 양손을 동시에 사용하여 오른발로 상대방 발끝 방향으로 상대방의 오른발을 후려서 쓰러뜨린다.

⑵ 순간을 포착한다

①② 우측 자연체에서 상대방이 밀고 들어오는 순간을 포착하여

③④ 몸을 좌측으로 벌리고, 나온 상대방의 오른발 안쪽에 자기의 오른발을 대어

⑤⑥⑦양손을 이용하여 발끝 방향으로 후려서 쓰러뜨린다

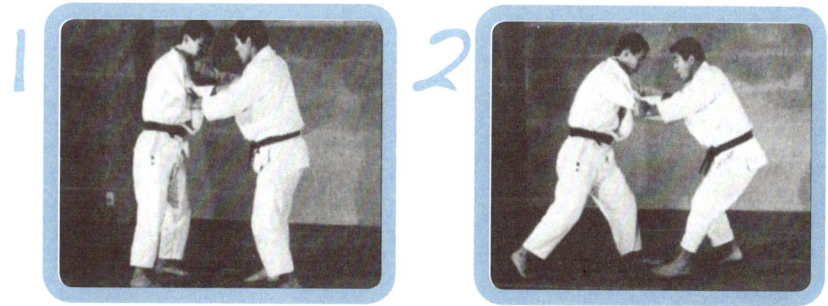

(5) 안다리후리기

상대방이 뒤, 앞, 옆쪽으로 이동하는 순간을 포착하여 자기의 오른쪽 다리(왼쪽 다리)로 체중이 실려 있는 상대방의 왼쪽 다리(오른쪽 다리)를 안쪽에서 후려서 쓰러뜨리는 기술. 안뒤축후리기와 마찬가지로 다른 기술과 연결할 때 자주 사용합니다.

(1) 몰아붙이기

①②③ 좌측 자연체에서 왼발을 일보 후퇴시켜 상대방을 자기 쪽으로 끌어들인다.

④⑤⑥상대방이 자세를 고치려고 오른발을 뒤로 물리려고 한다

⑦⑧⑨왼발을 내밀어 오른발을 왼발 뒤꿈치에 가까이 대고 양손을 들어 올리듯이 하여 상대방을 끌어당긴다.

⑩⑪⑫왼쪽 다리로 상대방의 오른쪽 다리를 안쪽에서 다리를 벌리듯이하여 후린다. 왼손은 상대방의 목언저리를 누르고, 오른손은 자기의 오른쪽 겨드랑이 밑에 대도록 하는 것이 좋다.

[주의]
- 후리는 발은 발끝이 매트에 가볍게 닿을 정도로 하여 원을 그리는 요령으로 상대방의 발끝 방향으로 후린다.
- 후리는 방향으로 허리를 회전시킨다.
- 상대방과 정면으로 대결한다는 기분으로 몰아부쳐 보자.

(2) **기선제압, 돌려치기**

①②좌측 자연체에서 상대방의 오른발이 나오도록 유도한다

③④⑤⑥몸의 체중을 낮게 하여 상대방의 몸을 끌어당기면서 왼발로 상대방의 오른쪽 다리를 휘어감듯이 후려서 쓰러뜨린다

(6) **발뒤축후리기**

상대방이 앞으로 나올 때, 또는 뒤로 물러설 때 자기의 오른발(왼발)로 상대방의 왼발(오른발)을 밖에서 후려서 쓰러뜨리는 기술입니다.

①②우측 자연체에서 오른발을 한발짝 내밀어 상대방을 밀어부친다

③④상대방이 자세를 바로 고치려고 왼발을 앞으로 내미는 순간을 포착하여 앞쪽으로 끌어당겨 기울인다.

⑤⑥　다시 자기의 왼발을 크게 뒤로 빼어 몸을 좌우로 열면 상대방은 몸의 밸런스를 유지하기 위하여 오른발, 왼발을 앞으로 내민다

⑦⑧⑨⑩상대방이 왼발을 내밀려는 순간을 포착하여 오른손으로 상대방을 충분히 끌어당겨 상대방을 왼쪽 뒷구석으로 기울이면서 오른발을 상대방의 왼발 바깥쪽으로 후려서 쓰러뜨린다.(이 때 오른손은 아래로 낮추고, 왼손은 겨드랑이 밑에서 쳐올리듯이 상대방을 붕 뜨게 하는 것이 좋다)

(7) 밭다리후리기

상대방이 물러설 때, 또는 앞으로 나올 때에 맞추어 상대방을 오른쪽(왼쪽) 뒷구석으로 기울이면서 상대방과 밀착하여 오른쪽(왼쪽) 다리로 상대방의 오른쪽(왼쪽) 다리를 바깥에서 후려서 쓰러뜨리는 기술로 시합 때 잘 사용하는 기술입니다.
①② 좌측 자연체에서 왼발을 한 발 내밀어 상대방을 내민다

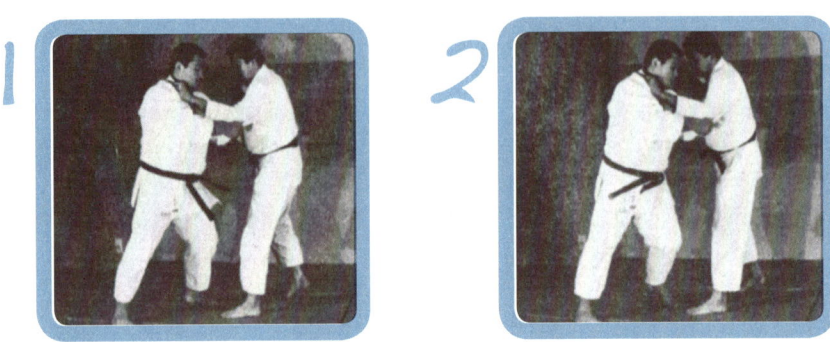

③④⑤ 상대방이 자세를 유지하기 위하여 뒤로 물러서는 순간에 맞추어 왼발을 상대방의 왼발 옆으로 크게 디딘다

⑥⑦ 오른쪽의 끌어당기는 쪽은 상대방의 몸 왼쪽 부분에 닿도록 하고, 왼쪽 낚아채는 손은 상대방에게 밀착시켜 가슴을 맞대고 상대방을 기울이게 하고, 왼쪽 다리를 앞으로 크게 앞쪽으로 후려올려

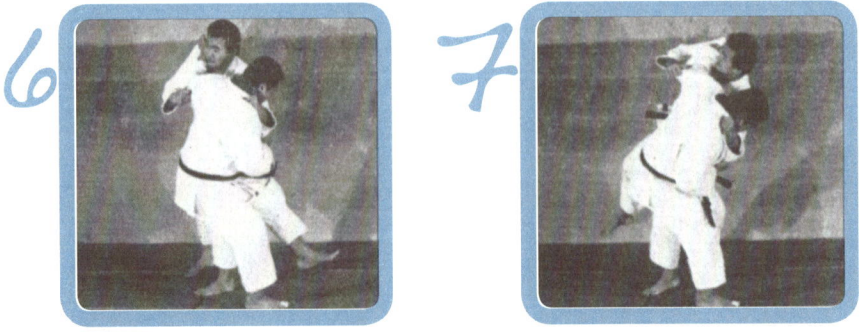

⑧⑨⑩머리를 매트에 메치는 듯한 느낌으로 왼쪽 다리로 상대방의 왼쪽 다리를 기세 좋게 후려서 메친다

〔8〕허벅다리걸기

상대방이 몸을 낮추거나, 앞으로 나오거나, 돌거나 하면서 이동하는 순간을 포착하여 옆으로 기울이고, 자기는 몸을 뒤로 돌려 다리를 상대방의 양다리 사이에 넣어서 안쪽 허벅다리를 안쪽에서 쳐올려 메치는 기술입니다.

(1) 끌어당기기

①②좌측 자연체에서 상대방을 앞쪽으로 기울이면서 왼발, 오른발(왼발 발뒤꿈치 부분)로 나아가

③④ 상체를 끌어당겨 오른쪽 다리를 축으로 하여 (오른발 발끝) 왼쪽 다리를 상대방의 양다리 사이에 넣고
⑤⑥⑦⑧ 상대방을 끌어내는 힘과 오른쪽 다리의 탄력을 이용하여 왼쪽 다리로 상대방의 오른쪽 허벅지를 안쪽에서 후려올려서 메친다.

(2) 몰아부치기

①②③ 좌측 자연체에서 상대방을 뒤쪽으로 밀어부친다
④⑤ 상대방이 뒤로 물러서는 타이밍에 맞추어 자기의 오른쪽 다리를 상대방의 넓적다리 밑으로 깊게 넣어 오른쪽 잡는 손과 왼쪽 낚아채는 손으로 상대방을 앞쪽으로 잡아당겨 쓰러뜨리고
⑥⑦⑧⑨⑩ 몰아부치는 기세와 오른쪽 다리의 탄력을 이용하여 왼쪽 다리로 상대방의 오른쪽 넓적다리를 쳐올려서 메친다

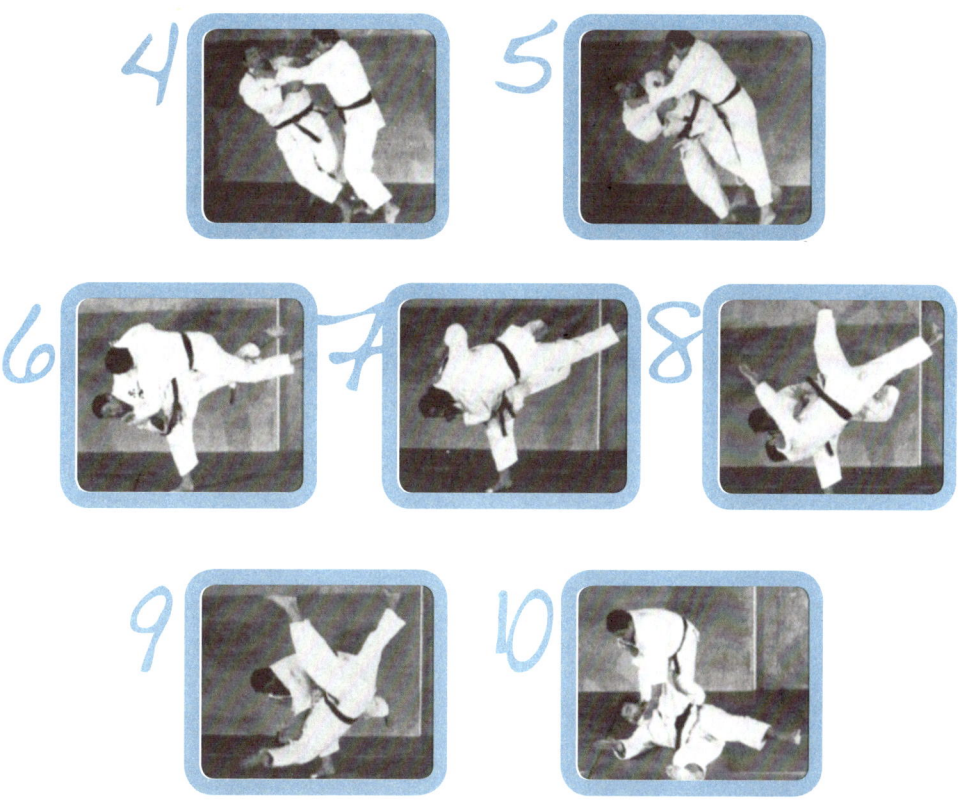

 누우면서 하는 **메치기**기술

  자기의 몸을 뒤로, 또는 모로 눕히면서 상대방을 메치는 기술을 누우면서 메치는 기술이라 합니다. 민첩한 동작이 요구되는 기술로써, 이 기술을 익히면 작은 기술로 큰 기술을 제압할 수 있는 기술이 되거나 누운 기술로 연결할 수 있는 좋은 기술이 될 수 있습니다. 그러나 실패하면 역으로 상대방에게 눌리거나 위험하므로 이 기술을 잘못 거는 일이 없어야 하겠습니다.

  ┌ 바로 누우면서 메치는 기술 …… 자기의 몸을 뒤쪽으로 눕힌다
  └ 모로 누우면서 메치는 기술 …… 자기의 몸을 옆쪽으로 눕힌다

⑴ 배대뒤치기

● 누우면서 하는 대표적인 메치기기술

　상대방이 앞쪽으로 밀어붙이는 순간을 포착하여 상대방을 끌어당겨 앞쪽으로 기울이면서 자기의 몸을 뒤로 눕히고 한쪽 발바닥을 상대방의 하복부에 대고 밀어 올린 후 머리 너머로 메치는 기술로써 누우면서 하는 대표적인 기술입니다.

①②좌측 자연체에서 우선 상대방을 밀어부친다. 그러면 상대방은 자세를 바로잡기 위해서 되밀어오는데, 그럴 때 그 힘을 이용하여 상대방을 끌어당겨 기울이고

③④끌어당기면서 자기의 허리를 낮추어 오른발을 상대방의 하복부에 대고 뒤로 쓰러지면서

⑤⑥⑦⑧좌우의 손을 세게 앞쪽으로 끌어당겨 오른발을 위로 밀어올려 상대방의 몸을 앞쪽으로 회전시키면서 머리 너머로 메친다

 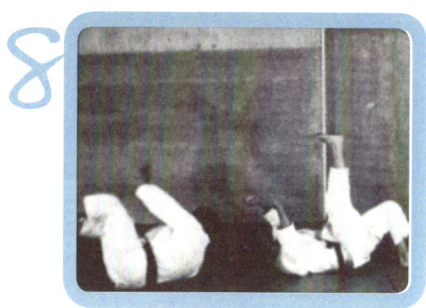

(2) 끌어누으며뒤집기 A

● 눕히기로 들어가는 절호의 기술

 상대방의 어깨너머로 도복 띠를 잡고 자기의 몸을 뒤로 눕힌 다음 한쪽 발로 상대방의 넓적다리 안쪽을 차올려서 머리 너머로 메치는 기술입니다.

왼쪽잡기의 경우

①②③오른손으로 상대방의 왼팔을 자기의 오른쪽 옆구리쪽으로 끌어당겨 상대방의 상체를 앞으로 쓰러뜨리면서 왼손으로 상대방의 어깨 너머로 띠를 잡는다

④⑤ 오른발을 상대방의 넓적다리 아래로 집어넣은 후 허리를 낮추어 뒤로 눕힌다

⑥⑦⑧왼발로 상대방의 오른쪽 넓적다리 안쪽을 차올려 머리 너머로 메친다

(3) 끌어누으며뒤집기 B

● 상대방을 누운 기술로 유도한다

끌어누으며뒤집기 A와 같은 요령인데 이 기술은 자기의 몸을 모로 눕히면서
회전하여 메칩니다.

왼쪽잡기의 경우

①②③오른손으로 상대방의 왼팔을 자기의 오른쪽 옆구리로 끌어당겨, 상대방의
    상체를 앞쪽으로 쓰러뜨리면서 어깨 너머로 상대방의 띠를 잡는다

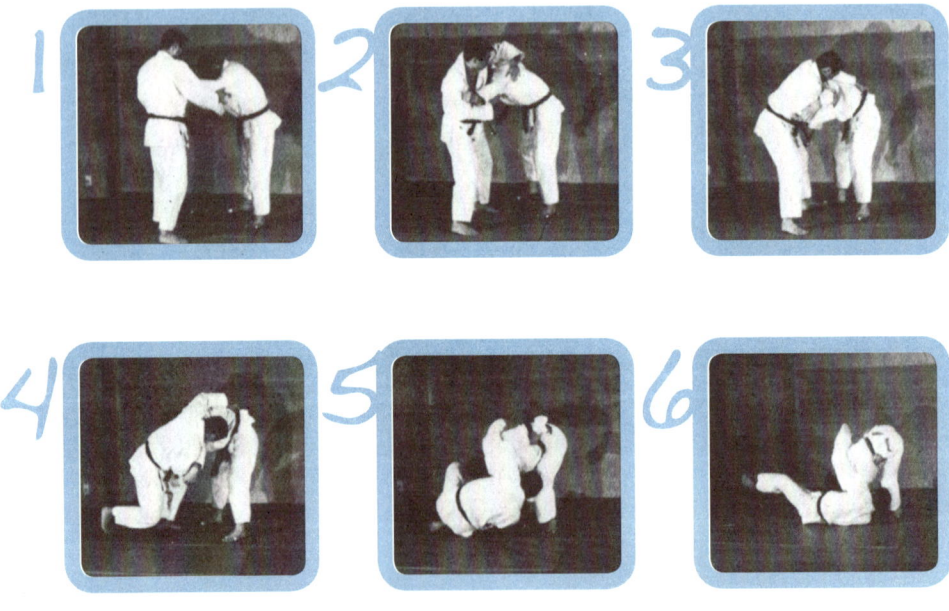

④⑤⑥⑦⑧상대방을 충분히 끌어당기면서 뒤쪽으로 물러서며 피하려는 동작을
       포착하여 자기의 왼쪽 귀를 상대방의 왼쪽 옆구리에 대는 듯한 느낌
       으로 옆으로 회전하면서 메친다

⑨신속하게 누르기 기술로 연결한다

5 } 기타 중요한 **메치기기술**

어깨로메치기

허리옮겨치기

뒤허리안아치기

안뒤축감아치기

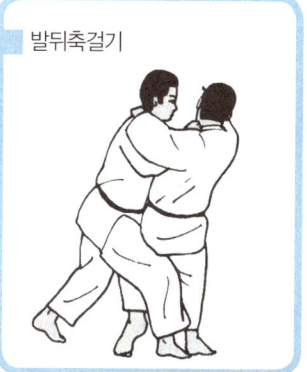

발뒤축걸기

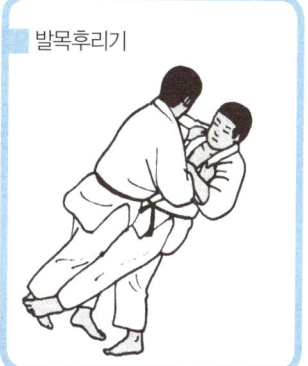

발목후리기

무릎대돌리기

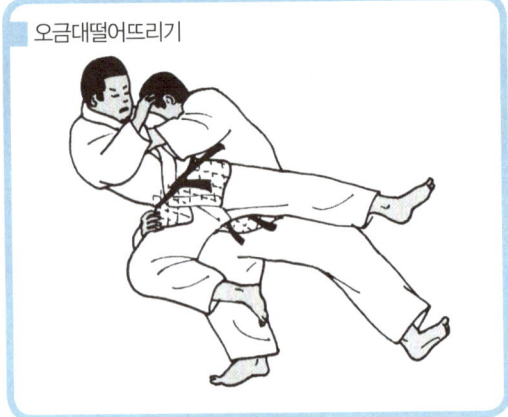
오금대떨어뜨리기

띄어치기

누으면서던지기

6 } 메치기의 주요한 방어법

(1) 상대방의 끌어당기는 손을 막는다

〈주로 허벅다리걸기, 허리후리기 등에 대해서〉
허리를 낮추고 배를 내미는 듯한 기분으로 상대방이 끌어당기는 손을 막는다.

(2) 상대방의 허리를 껴안는다
〈주로 허리후리기, 허리튀기 등에 대해서〉
허리를 낮추고 상대방의 허리를 뒤에서 끌어당겨 껴안는다.

(3) 발끝으로 안쪽에서 건다
〈주로 허벅다리걸기에 대해서〉
안쪽에서 후리거나 치거나 하면 반칙이 되므로 주의할 것.

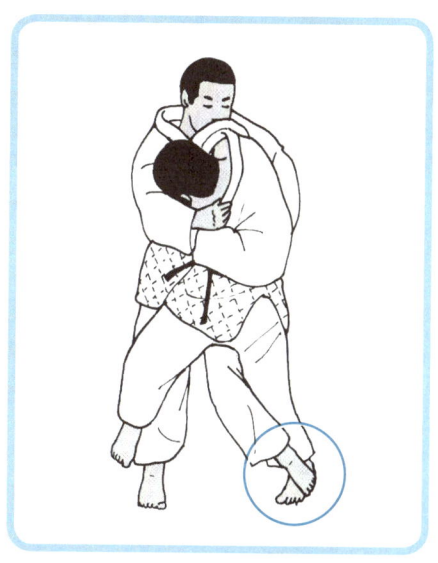

(4) 다리를 바깥쪽에서 건다
〈주로 업어치기에 대해서〉

(5) 발을 들었다가 뗀다
〈주로 안다리후리기, 밭다리후리기, 나오는발차기 등〉

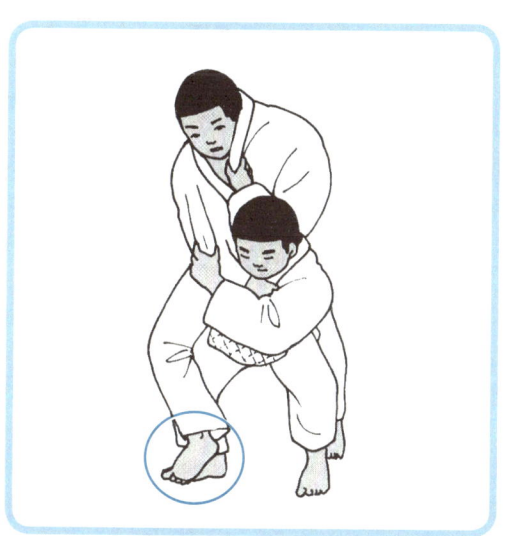

(6) **허리를 낮춘다**

〈주로 업어치기나 허리채기, 배대뒤치기 등에 대해서〉
허리를 낮추고 체중을 아래쪽에 실어 막는다

 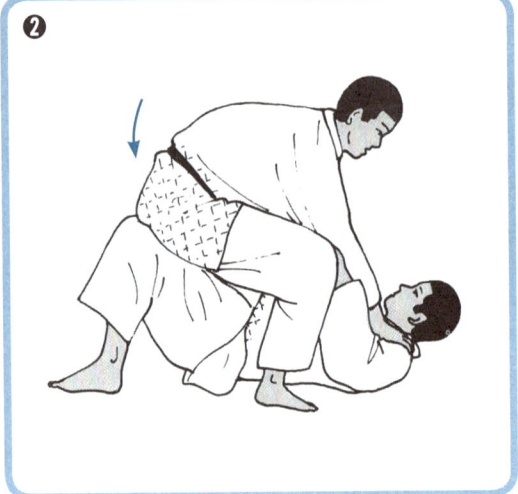

(7) **몸을 돌려 피한다**

- 몸을 돌려 피하면서 메친다
  〈업어치기, 허벅다리걸기, 빗당겨치기에 대해서〉
  경쾌한 몸놀림으로 상대방의 움직임에 따라 몸을 풀어서 재치 있게 기술을 건다.

 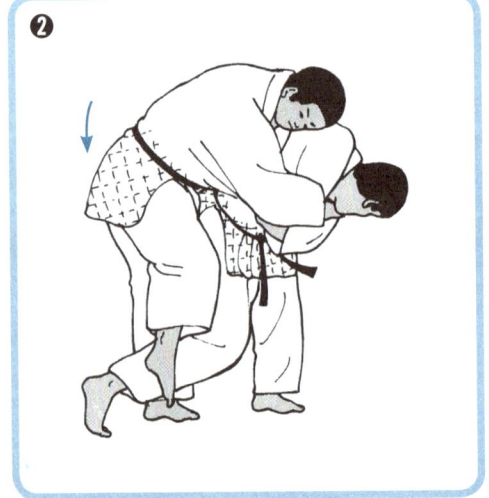

- 틈새를 이용하여 메친다
 〈허벅다리걸기를 하여〉
 허벅다리걸기의 경우 빠른 몸놀림으로 상대방이 쳐올린 다리를 상대방의 힘을 이용하여 빗당겨치기 같은 기술로 메친다.

Judo

Part 05

굳히기

굳히기는 누워서 하는 기술이라고도 하며 상대방을 누르거나, 조르거나 꺾거나 하여 자유롭게 제압하는 기술을 말하며, 누르기, 조르기, 꺾기로 대별할 수 있습니다. 메치기에 비하면 스피드나 화려함은 떨어지지만, 그런 만큼 착실하게 연구를 쌓아가면서 공격할 수도 있습니다.

굳히기는 누워서 하는 기술이라고도 하며 상대방을 누르거나, 조르거나 꺾거나 하여 자유롭게 제압하는 기술을 말하며, 누르기, 조르기, 꺾기로 대별할 수 있습니다. 메치기에 비하면 스피드나 화려함은 떨어지지만, 그런 만큼 착실하게 연구를 쌓아가면서 공격할 수도 있습니다. 메치기와 굳히기는 유도의 기술을 받쳐주는 두 수레바퀴와 같은 것으로, 메치기에서 굳히기로의 연결 변화, 또한 누르기, 조르기, 꺾기를 믹스한 굳히기의 공격과 방어는 유도기술의 오묘한 깊이와 묘미를 가르쳐 줍니다. 야마시타 타이유 선수의 강점의 비결 중의 하나는 굳히기를 잘 한다는 것입니다. 굳히기에 자신이 있으면 메치기의 위력도 커집니다. 왜냐하면 메치기를 당했을 때, 부상에 대한 불안이 없어지기 때문입니다.

일반적으로 굳히기는 메치기에 비해서 숙달이 빠르다고 합니다. 굳히기의 축은 역시 누르기를 중심으로 한 기술입니다.

1 굳히기의 기본동작

[1]자세

a. 한쪽 무릎을 꿇은 자세

왼쪽 발끝을 세운다. 상체를 꼿꼿하게 한다

b. 누워있는 자세

양팔을 옆구리에 붙이고 손발을 굽힌다

[2]공격의 기본자세

❶ 자기가 누워있는 자세로 공격하는 경우(밑에서 공격한다)
- 몸을 둥글게 한다(머리를 일으켜서 등을 매트에 붙이지 않는다)
- 상대방의 한쪽 옷깃을 끌어당겨 잡고 상대방의 머리를 상대방의 허리보다 낮게 한다.
- 상대방이 회전하기 편한 자세를 취한다.
- 다리를 손처럼 쓸 수 있게 한다.(다리는 팔보다 힘이 세다. 다리를 효과적으로 사용)

❷ 누워있는 상대방을 공격하는 경우(위에서 공격한다)
- 자기가 전후좌우 이동하기 좋은 자세를 취한다.
- 자기의 머리를 항상 허리보다 높게 하여 공격한다.(허리를 높게 하면 공격을 받기 쉽게 되므로 주의)
- 한쪽 발이나 양발을 제압하지 않을 때는 상대방의 띠보다 앞쪽으로 내밀지 말 것(그러면 상대방에게 꺾기기술을 걸 수 있는 찬스를 주게 된다)
- 발등이 매트에 닿는 발놀림은 하지 말 것.(扁平足)

❸ 넙죽 엎드린 상대방을 공격한다(위에서 공격한다)
- 상대방이 넙죽 엎드려 있을 때는, 옆 또는 뒤에서 공격하는 것이 좋다.
- 자기의 가슴을 상대방의 등에 밀착시켜서 공격한다.

❹ 자기가 엎드려 있고 상대방이 위에 있는 경우
- 가능한 한 이런 자세가 되어서는 안 된다.
- 자기의 머리가 항상 상대방을 향하게 한다.
- 방어를 굳히는 동시에 상대방의 다리 등을 잡고 공격하기 좋은 자세로 바꾼다.

[3]몸놀림

굳히기의 공방에 필요한 몸놀림을 연습합시다.
이러한 여러 가지 동작은 굳히기의 기본동작이며, 혼자서 연습할 수 있으므로 굳히기의 연습으로 들어가기 전에 보조운동을 하는 것이 좋습니다.

❶ 이동한다

- 한쪽 무릎을 굽힌 자세로 전진, 후퇴한다.
- 누운 자세로 좌우로 돌거나 어깨와 다리를 사용하여 머리 방향이나 발끝 방향으로 이동한다.

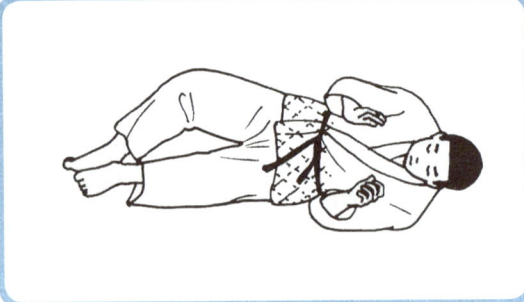

❷ 몸(허리)을 비튼다

- 엎드려뻗친 자세에서(양다리벌리기) 허리를 좌우로 낮추고 몸(허리)을 비튼다.

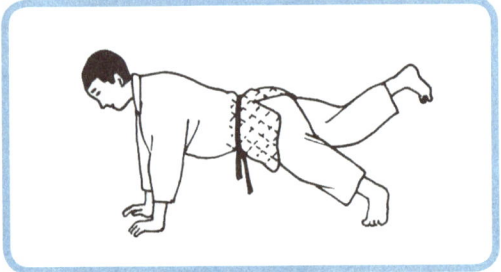

❸ 몸을 벌린다

- ❷와 같은 자세에서 발과 발 사이를 벌린다.

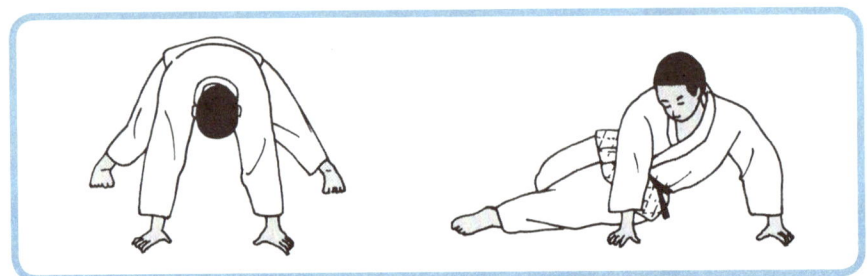

❹ 몸을 뒤로 제낀다

- ❷와 같은 자세에서 상체를 뒤로 제낀다.

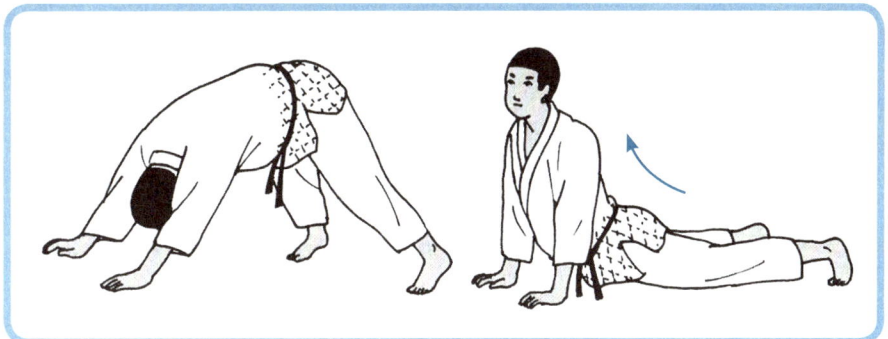

- 위를 보고 누운 자세에서 왼발과 오른쪽 어깨, 오른발과 왼쪽 어깨를 움직여서 몸을 옆으로 돌린다(교대로)

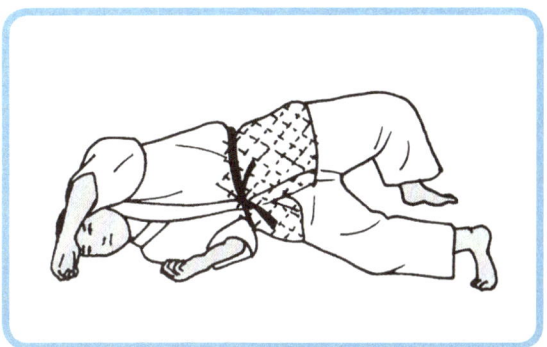

- 양발과 양어깨, 또는 양발과 머리로 브리지를 만들어 몸을 뒤로 제낀다.

※앞쪽 브리지도 연습합시다

❺ 몸을 모로 눕힌다(새우)

- 위를 보고 누운 자세에서 발뒤꿈치와 어깨로 몸을 받치고 허리와 배를 당겨 양손으로 밀면서(새우 같은 스타일) 몸을 모로 눕힌다.

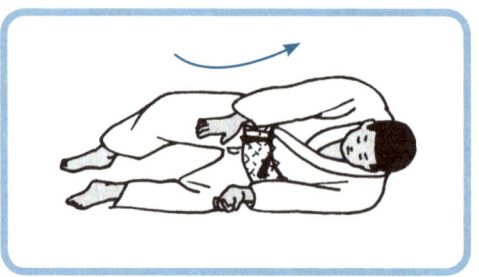

❻ 몸을 꾸부린다

- 위를 보고 누운 자세에서 양다리를 들어올려 머리 위에서 꾸부려서 발을 매트에 닿게 한다.

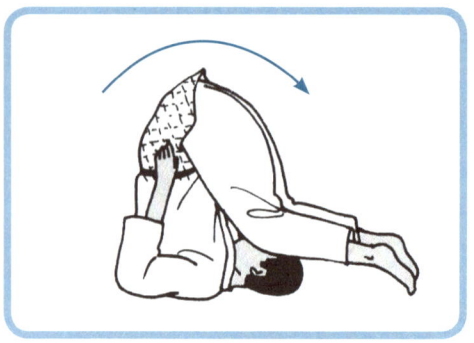

❼ 다리돌리기

- 위를 향해 누운 자세에서 양다리를 벌리고 무릎을 가볍게 꾸부려 교대로 다리를 돌린다.

❽ 다리를 뻗는다
- ❼과 같은 자세에서 발뒤꿈치에 힘을 주어 한쪽 다리를 뻗거나 당기거나 한다.

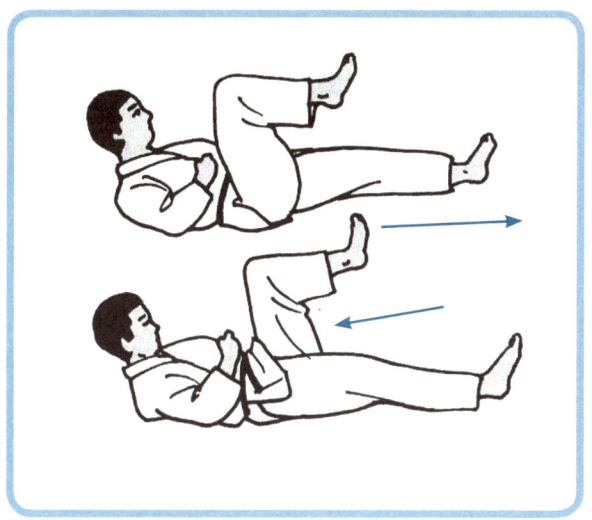

❾ 겨드랑이 조이기
- 엎드린 자세에서 양팔을 뻗쳐 팔꿈치를 꾸부려서 겨드랑이 사이를 조이고 가슴을 펴서 몸을 끌어당긴다(전진한다)

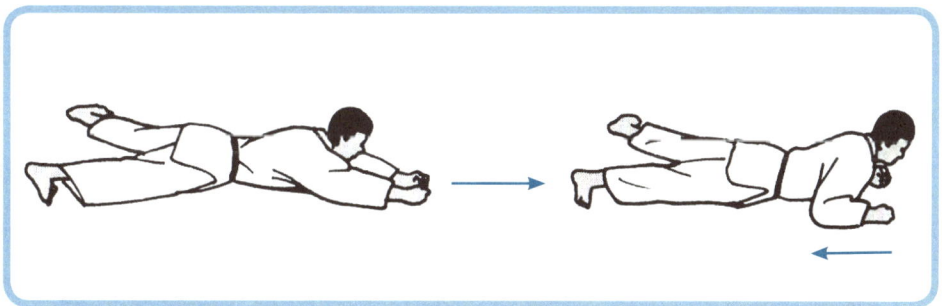

※ 굳히기의 공격과 방어 ①

굳히기의 공격과 방어는 케이스에 따라서는 여러 가지가 있는데 공격의 기본자세를 잘 염두에 두고 어떻게 공격할 것인지, 어떻게 방어할 것인지 연습해 봅시다. 여기서는 간단한 공격과 방어의 예를 들어두겠는데 개개의 케이스는 굳히기를 설명한 부분의 연속사진을 참고하기 바랍니다.

❶ 양다리를 공격하면서 들어간다

  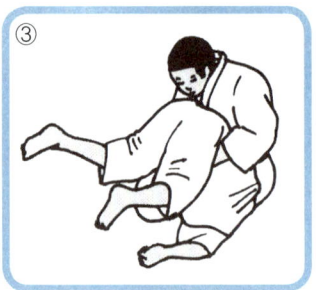

①양손으로 상대방의 양무릎을 공격하며 자기의 몸을 이용하여 옆으로 밀어붙이듯이 들어간다.

②양손으로 상대방의 양무릎을 공격하여 양무릎을 뛰어넘어 말타기로 들어간다.

③상대방의 양다리를 들어서 자기의 몸쪽으로 끌어당겨 들어간다.

❷ 한쪽 다리를 제압하면서 들어간다

  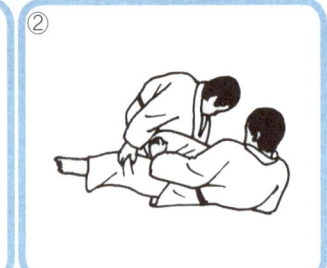

①상대방의 한쪽 다리를 공격하면서 들어간다.
 (다리 → 허리 → 상체를 차례로 공격한다)

②자기의 한쪽 다리로 상대방의 한쪽 다리를 제압 하면서 들어간다.

❸ 엎드린 상대방을 공격한다

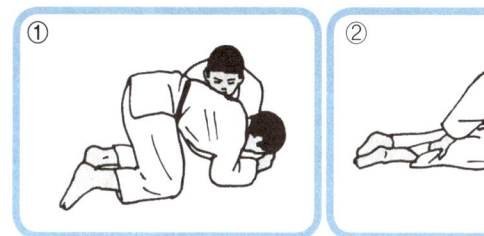 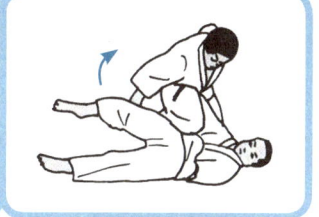

①양손으로 상대방의 팔을 끌어당겼다가 되돌린다.   ②상대방을 양손으로 들어올려서 들어간다.

❹ 밑에서 공격한다

 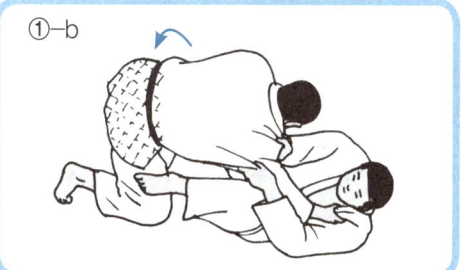

①상대방을 끌어당겨 모로 제낀다.

②상대방을 밑에서 끌어안거나 또는 배대뒤치기로 머리 방향으로 제낀다.

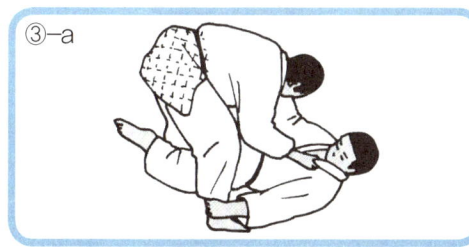 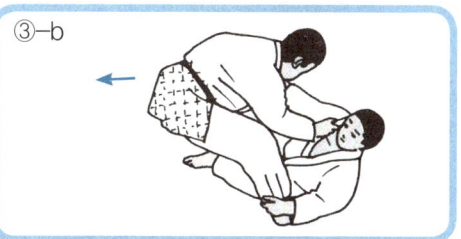

③다리를 잡고 뒤쪽으로 넘긴다.

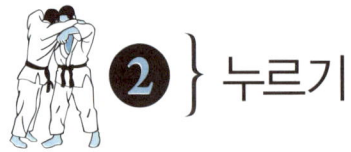
② 누르기

〈위를 향해 누운 상대방을 누른다〉
 위를 향해 누운 상대방을 위에서 눌러 상대방의 자유를 제압하는 기술입니다. 시합에서는 누르고 있는 시간에 따라서 다음과 같은 판정을 내립니다.

   「한판(一本)」……25초 이상 또는 「졌다」의 신호
   「절반(技有)」……20초 이상 25초 미만
   「유효(有效)」……15초 이상 20초 미만
   「효과(效果)」……10초 이상 15초 미만

[1]곁누르기
■ **키가 큰 사람이 상대방을 누를 때 유효한 기술**

위를 향하여 누운 상대방의 어깨와 가슴밑을, 승려가 가사(袈裟)를 쓴것 같은모양으로 누르는 기술입니다.

상대방의 왼쪽에서 누르는 경우
- 자기의 왼쪽 허리를 상대방의 왼쪽 몸에 붙인다.(몸에서 떨어져 있으면 안정감이 없게 된다!)
- 오른팔로 상대방의 왼쪽 팔을 확실하게 제압한다.(오른쪽 겨드랑이 밑을 껴안거나, 오른손으로 세게 끌어당기거나 한다)
- 왼손은 상대방의 어깨 위에서 목 뒤로 돌려서 앞팔로 그 목을 들어 올리는 기분으로 껴안고 공격한다.
- 왼쪽 다리는 상대방의 왼쪽 어깨 밑에 대고, 오른쪽 다리는 꾸부려서 뒤로 벌린다.(양다리는 벌려서 안정을 유지한다)
- 왼쪽 가슴으로 상대방의 가슴을 누른다
- 상대방의 움직임에 맞게 자기의 자세를 만드는 것이 중요하다.

[2]고쳐곁누르기

■ **상대방의 왼쪽에서 누르는 경우**

누르는 요령은 곁누르기와 같으며, 상대방의 어깨 위부터 목 뒤로 돌린 손을 사용하는 법이 다릅니다. 즉 고쳐곁누르기에서는 상대방의 겨드랑이 밑으로 손을 넣어 뒤쪽 옷깃을 잡거나, 어깨 밑에 대거나 상대방의 움직임에 따라서 손바닥을 매트 위에 대고 공격합니다.

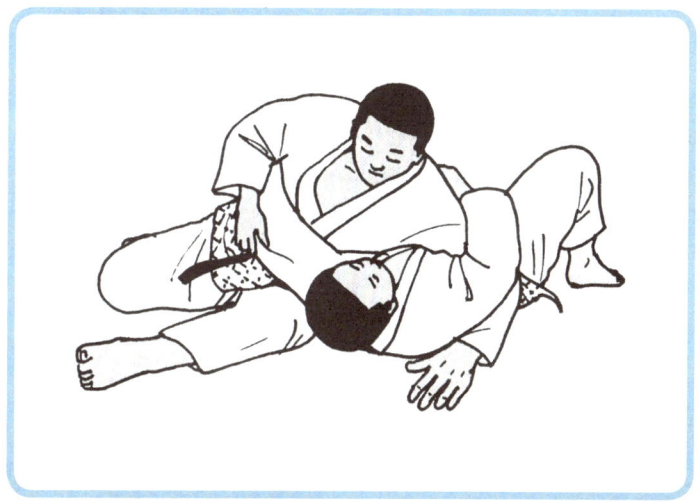

- 왼손의 사용법에 주의!(상대방의 동작에 따라 왼손을 적절히 사용하자)
- 팔로만 누르는 것이 아니라 몸으로 상대방의 가슴을 누를 것. 그러나 체중을 너무 실어서 하면 몸이 제껴진다! 상대방의 움직임에 따라서 물렁물렁한 떡을 올려놓는 것처럼 누릅시다.

❶ 뒤로 제끼는 법(왼쪽에서 누른 경우)
①자기의 몸을 우선 왼쪽으로 비틀어, 상대방의 오른발에 자기의 오른발을 걸어서 오른손으로 뒤쪽 띠를 잡고 자기의 몸을 오른쪽으로 제껴서 상대방을 자기의 오른쪽으로 힘껏 제낀다.
②몸을 왼쪽으로 비틀어, 상대방에게 잡혀 있는 왼팔을 빼고 엎드려서 빠진다.

❷ 곁누르기로 공격하는 법 (업드려 있는 상대방을 곁누르기로 누른다)
　a‥‥옷깃을 잡는 법(왼손을 상대방의 오른쪽 겨드랑이 밑에 넣어서 왼쪽 옷깃을 잡는다)
①엎드려 있는 상대방의 오른쪽 앞에서 왼손으로 상대방의 왼쪽 옷깃을 잡고, 오른손으로 상대방의 오른쪽 소매를 잡아(이 때 가슴으로 상대방의 몸을 제압해 둔다)
②몸을 오른쪽으로 벌리면서 상대방의 왼팔을 앞쪽으로 끌어당기듯이 하면서 휘감는다.
③상대방의 왼팔을 끌어올리면 상대방은 회전한다.
④재빨리 왼발을 앞으로 내어 곁누르기로 누른다.

[3] 뒤곁누르기

상대방이 옆에서 덮치듯이 공격해 왔을 때 잘못 내민 상대방의 손을 자기의 겨드랑이로 꽉 끼고 앞쪽으로 비스듬히 회전하면서 곁누르기의 형태로 누른다.

[4] 어깨누르기

피하려고 하면 목을 조인다.
자기의 팔과 목 부분으로 상대방의 팔과 목을 끼고 누르는 기술입니다.

상대방의 오른쪽에서 누르는 경우
- 자기의 오른팔과 머리와 목 부분으로 상대방의 오른팔과 목을 껴안는다.
- 양손의 손바닥을 마주쳐서 십자형으로 짠다.
- 왼발을 뻗치고 버티면서, 오른쪽 무릎은 상대방의 오른쪽 허리에 붙이고, 오른쪽 발끝은 세워둔다.
- 머리를 아래로 숙이고 허리를 낮추어 상대방의 오른팔과 목의 자유를 제압하여 누른다.

❶ 빠지는 법

양손을 맞잡고 오른쪽 무릎으로 상대방의 목을 조이고 상대방과 자기의 목 사이에 공간을 만들어 자기의 몸을 왼쪽 또는 오른쪽으로 회전시켜 빠진다.

[5]위누르기

- 상대방의 머리쪽에서 일직선으로 누른다.
- 위를 향해 누운 상대방의 머리쪽에서 양손을 상대방의 어깨 밑으로 돌려 뒤쪽 띠(옆에서 약간 뒤쪽)를 잡고 끌어당겨(자기의 겨드랑이를 바짝 옆구리에 붙인다) 자기의 몸으로 상대방의 머리와 가슴을 공격하여 누른다.
- 상대방과 자기의 몸이 일직선으로 되게 한다.

- 양다리는 벌려서 버티고, 상대방의 움직임에 신속하게 대응하기 위해서는 양 무릎이 매트에 닿지 않도록 한다.(사진은 양 무릎이 매트에 닿아 보이지만 실제에서는 닿지 않는 편이 좋다)
- 자기의 턱은 상대방의 명치에 대는 것이 좋다.

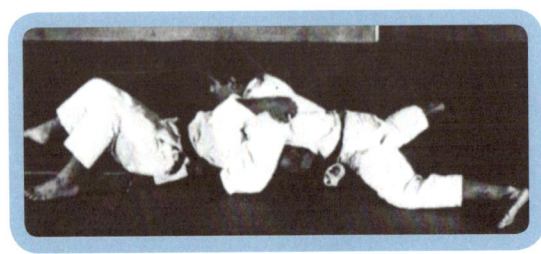

[6] 위고쳐누르기

- 키가 작은 사람이 키가 큰 사람을 누르는 실전적 기술
  위고쳐누르기는 상대방과 '< 자형'이 되게 누릅니다.

■ **상대방의 오른쪽 어깨끝에서 누르는 경우**

- 위를 향해 누운 상대방의 왼쪽 어깨와 왼쪽 목 사이에 몸을 위치시켜, 오른손으로 상대방의 오른쪽 어깨 너머로 뒤쪽 띠를 잡는다.
- 왼손을 상대방의 왼쪽 겨드랑이 밑에서 등 아래로 넣어, 상대방의 안쪽 옷깃이나 뒤쪽 띠를 잡는다.
- 양쪽 겨드랑이를 조여서 앞팔을 끌어당겨 가슴을 펴고 가슴으로 제압하듯이 누른다.
- 양다리는 좌우로 뻗쳐서 크게 벌린다. 이 때 오른쪽 무릎이 매트에 닿지 않게 한다.

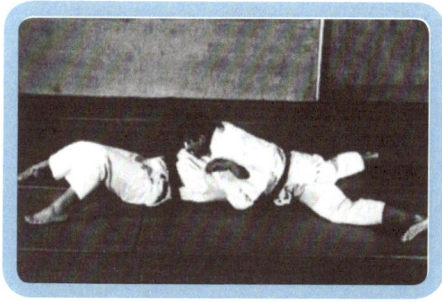

※상대방과 < 자형 자세를 유지하고, 누르는 포인트에만 힘을 넣고, 다음에는 부드럽게 실려 있는 느낌으로 누르는 것이 포인트이다.

■ **위고쳐누르기 때 잡는 법**

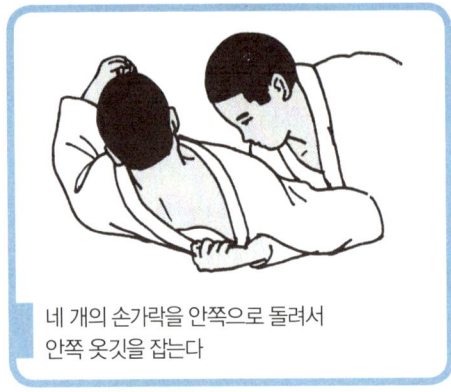
네 개의 손가락을 안쪽으로 돌려서 안쪽 옷깃을 잡는다

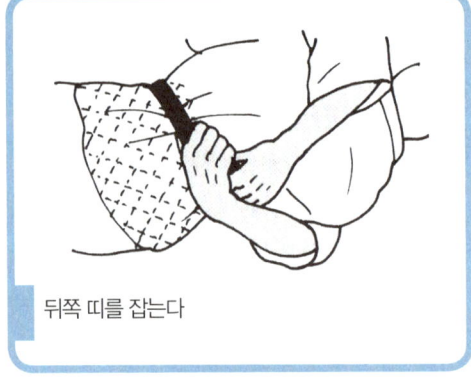
뒤쪽 띠를 잡는다

❶ 빠지는법

a. 엎드린다.
   상대방과 자기의 가슴 사이에 왼손을 들여밀고 전신의 반동을 이용하여 공간을 만들며, 왼손은 앞쪽으로 치켜올리고 오른손은 아래쪽으로 끌어당기듯이 하여 회전반경을 작게 하여 엎드린다.

b. 상대방을 회전시킨다
   왼손으로 상대방의 어깨 너머로 뒤쪽 띠를 잡고, 오른손은 상대방의 앞쪽 띠나 유도복을 잡고 몸을 비틀면서 자기와 상대방과의 각도를 가능한한 일직선으로 되게 하여 몸을 비틀면서 단숨에 오른손을 올리고 왼손으로 끌어당긴다.

c. 발로 휘감는다
   밑에서 양손으로 상대방을 밀어올리고, 특히 상대방의 허리를 들어올리듯이 하여 재빨리 자기의 오른발을 밑에서 상대방의 오른쪽 다리 안쪽으로 넣어서 감고 상대방의 다리를 끼고 피한다.

(a)

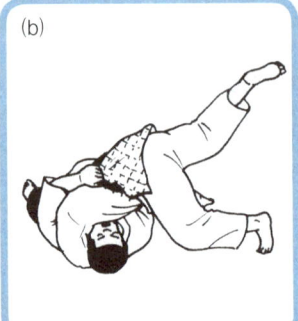
(b)

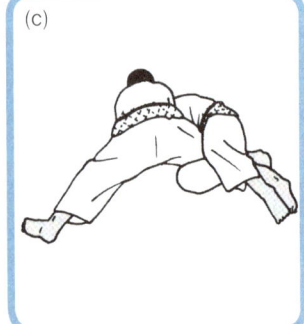
(c)

❷ 위고쳐누르기의 공격법 1 (위에서)

- ① 오른손으로 상대방의 앞쪽 띠를 잡고, 왼손으로는 오른쪽 무릎을 잡아 상대방의 동작을 제압한다.
- ② 다음은 오른쪽 무릎으로 상대방의 오른쪽 넓적다리 안쪽을 눌러서 상대방의 동작을 제압하면서 상대방의 몸 우측으로 올라간다.
- ③ 왼손으로 상대방의 오른쪽 옷깃을 잡고, 오른손은 상대방 왼쪽 옷깃을 잡아서 상대방을 자기쪽으로 끌어당긴다.
- ④⑤ 자기의 몸을 상대방의 우측으로 비스듬히 회전시키면서 왼손으로 상대방의 왼쪽 어깨 너머로 뒤쪽 띠를 잡는다.
- ⑥ 가슴을 밀착시켜 위고쳐누르기 자세로 누른다.

❸ **위고쳐누르기의 공격법 2 (위에서)**
- ① 상대방의 양다리 밑으로 해서 옆쪽 띠를 잡고
- ② 상대방을 자기쪽으로 끌어당기면서 (자기의 가슴에 상대방의 몸을 밀착시킨다), 들어올려 상대방의 동작을 제압한다.
- ③④ 오른손으로 상대방의 왼쪽 소매를 잡고 자기쪽으로 끌어당긴다.
- ⑤⑥⑦상대방과 몸을 밀착시킨 채 위고쳐누르기로 누른다.

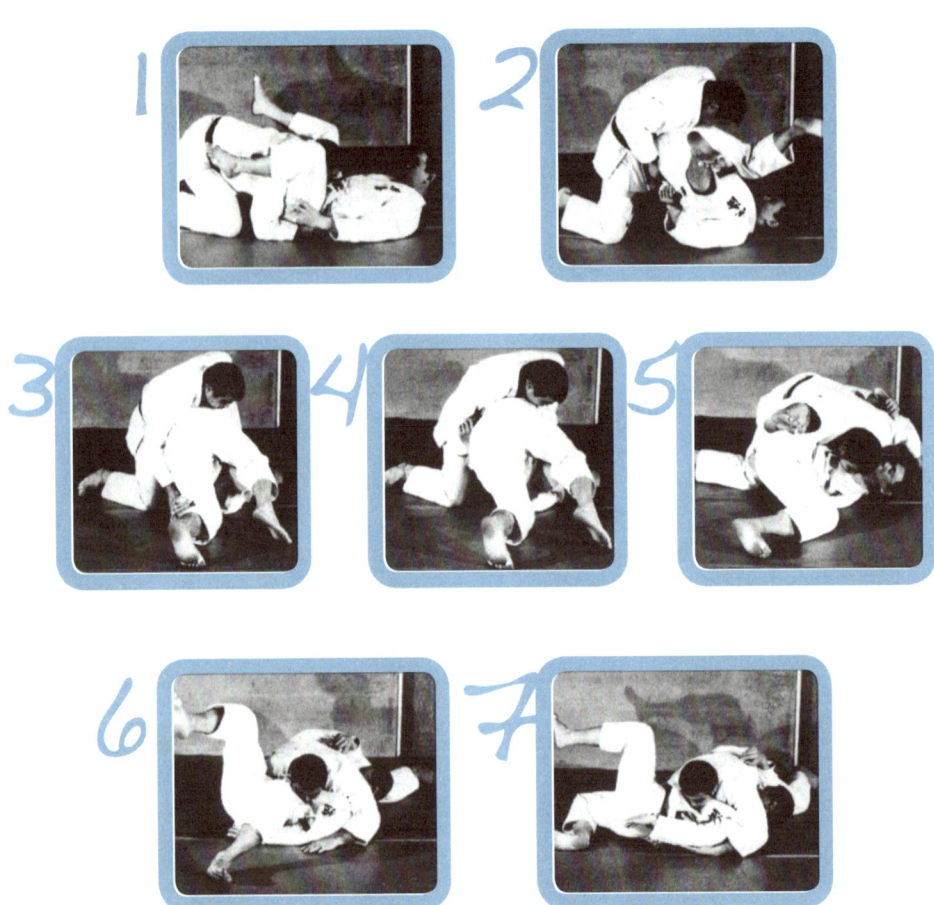

❹ 위고쳐누르기의 공격법 3 (밑에서)

- ①②밑에서 공격하는 자세인데, 왼손으로 상대방의 왼쪽 옷깃을 잡고, 자기쪽으로 끌어당기면서 오른손으로 상대방의 왼쪽 팔을 껴안는다.
- ③④왼손으로 상대방의 어깨 너머로 뒤쪽 띠를 잡고, 다시 끌어당기면서 왼발을 상대방의 허벅다리 사이에 넣는다.
- ⑤⑥왼발로 상대방의 오른쪽 넓적다리 안쪽을 차올리며 회전시킨다.
- ⑦⑧자기의 몸도 재빨리 회전시키면서 일어서서 위고쳐누르기로 누른다.

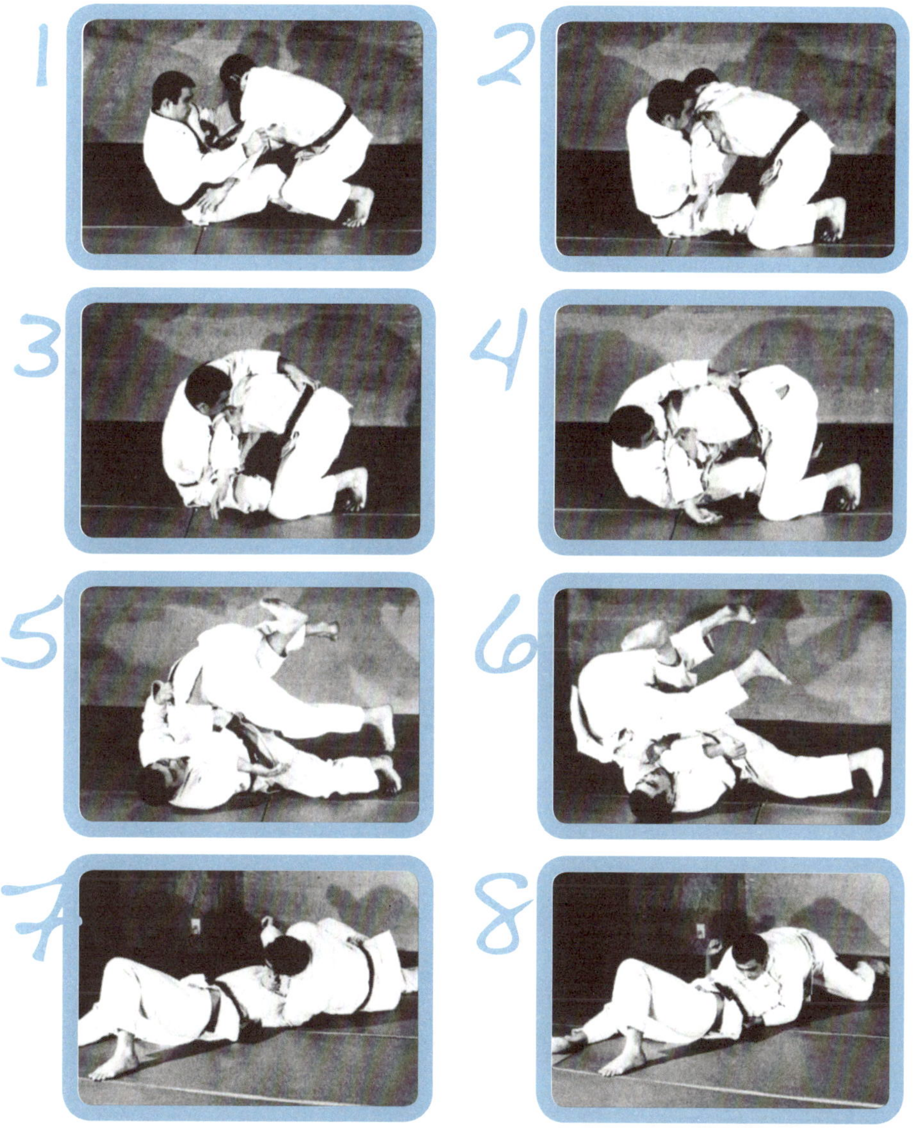

※굳히기의 공격과 방어② (상체를 제압하는 법)

 누워서 하는 기술의 공격과 방어 포인트의 하나는 공격하는 측에서는 우선 누르는 요소를 빈틈없이 결정하는 것입니다. 즉, 상체를 어떻게 제압할 것인가가 승부의 포인트로 됩니다. 목이나 어깨의 자유를 제압당하면 몸을 비틀 수도, 제낄 수도 없습니다. 따라서, 위누르기나 가로누르기로 공격할 때는 우선 상대방의 상체를 제압하는 것이 중요합니다. 초심자는 흔히 발이 감긴 것에 신경을 쓰게 되어 상체를 결정하는 것을 소홀히 하기 쉬운데, 그것은 순서가 반대입니다. 발이 감겨도 상관없습니다. 우선 상체로 확실하게 제압해야 합니다. 그리고 그 다음에 발을 빼면 됩니다. 상체를 결정하는 자주 사용되는 법을 소개하겠습니다.

①뒤쪽 띠를 잡는다.
②왼손을 상대방의 머리 뒤로 돌려서 왼쪽 겨드랑이 밑으로 해서 왼쪽 옷깃을 잡고 끌어당긴다.
③왼손을 상대방의 머리 뒤로 돌려서 자기의 왼쪽 옷깃을 잡는다.
④상대방의 어깨 너머로 왼팔을 왼쪽 겨드랑이 밑으로 집어넣어 상대방의 띠나 유도복을 이용하여 상대방의 팔에 반바퀴쯤 감아서 쥔다.(한 바퀴를 감으면 반칙)

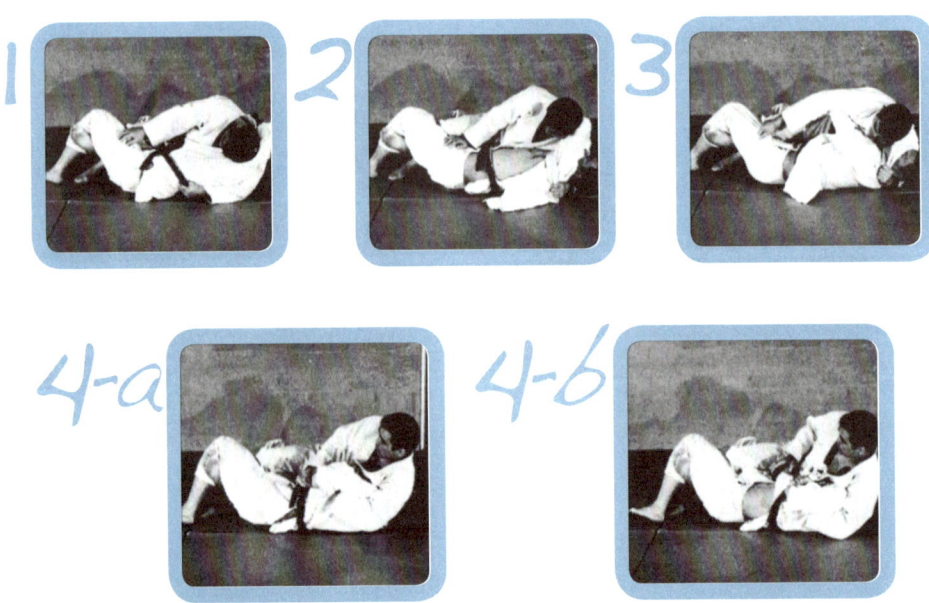

[7] 가로누르기

상대방의 옆에서 자기의 양팔로 상대방의 어깨와 다리를 제압하여 누른다.
여기에는 두가지 방법이 있다.

① 어깨 너머로 상대방의 띠를 잡고 제압한다.

위를 향해 누운 상대방의 우측 옆에서 상대방과 직각이 되도록 자기의 몸을 실어, 왼손으로 상대방의 왼쪽 어깨 너머로 해서 뒤쪽 띠를 잡는다. 이때 왼손의 사용방법이 포인트다. 잡은 왼손의 새끼손가락을 위를 향하게 하여 왼쪽 겨드랑이를 조른다. 그렇게 하면 상대방의 상체를 확실하게 제압할 수 있다. 오른손은 넓적다리 사이로 넣어 바지를 잡는다. (상대방이 돌아서 피하는 것을 막을 수 있다.)

양무릎은 상대방의 몸 옆쪽에 대어두는데 실전적인 누르기로는 양다리를 밸런스가 잡히게 벌려두면 좋다. (오른쪽 다리는 꾸부려서 무릎을 상대방의 허리 부분에 붙인다)

② 넓적다리 사이로 상대방의 띠를 잡고 제압한다.

①과 똑같은 자세에서 오른손을 상대방의 넓적다리 사이로 넣어서 뒤쪽띠를 잡는다. 왼손은 머리 너머로 해서 목밑으로 넣어 왼쪽 옷깃을 잡고, 몸을 밀착시켜 허리의 중심을 누른다.

양다리의 사용방법은 ①과 같다.

■ **누르는 포인트 (상대방의 몸 위로 너무 자기 몸이 실리지 않도록)**

상대방을 누를때 자기의 몸이 상대방의 몸 위로 너무 실리지 않도록 조심한다. 그러기 위해서는 약간 아래로 몸을 낮추어 상대방의 양쪽 겨드랑이를 조르면서 자기의 가슴을 내밀어 가슴과 배로 상대방의 가슴을 제압하듯이 누르는 것이 좋다. 양어깨에 힘이 너무 들어가지 않도록 조심하자.

❶ **피하는 법**

①엎드린 자세로 된다. 회전시키고, 발을 감는 등 요점은 위고쳐누르기를 할때와 대체로 똑같다.

②양손으로 상대방의 목과 겨드랑이를 누르고, 왼쪽 다리를 들어서 머리와 오른팔을 끼고 피한다.

❷ **가로누르기의 공격법 1 (위에서)**

① 상대방의 양다리 밑에서 공격하여 오른손으로 상대방의 윗옷 소매를 잡고, 왼손으로는 무릎 부분을 잡고 허리를 제압한다.

②③가슴을 밀착시키면서 왼손으로 상대방의 목 밑으로 해서 안쪽 옷깃을 잡고 상대방의 오른쪽 다리를 벌려서 자기의 다리를 뺀다.

④ 가로누르기로 누른다.

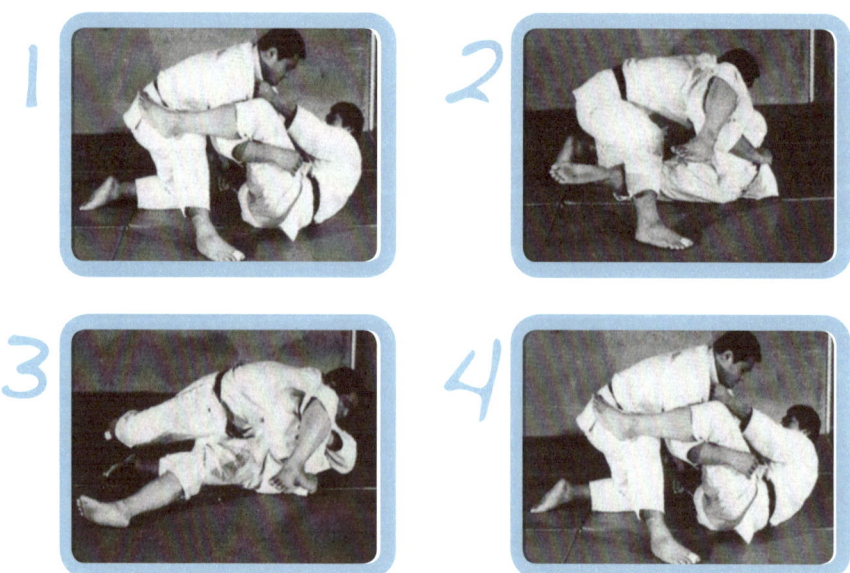

❸ 가로누르기의 공격법 2 (위에서)

팔과 무릎을 꾸부리고 엎드린 상대방을 공격하는 경우

①　상대방의 옆에서 양손으로 상대방의 양팔을 껴안는다.

②③가슴을 밀착시켜 양손을 자기 쪽으로 끌어당기면서 상대방을 감아서 쓰러뜨린다.

④　오른손을 상대방의 목 밑으로 넣어서 안쪽 옷깃을 잡고 가로누르기로 누른다.

❹ 가로누르기의 공격법 3 (위에서)

팔과 무릎을 꾸부리고 엎드린 상대방을 공격하는 경우

① 상대방의 옆에서 오른쪽 무릎으로 상대방의 오른쪽 어깨 부분을 눌러서 상체의 움직임을 제압한다. 상대방의 왼쪽 겨드랑이 밑으로 오른손을 넣어서 왼쪽 옷깃을 잡고, 왼손으로는 왼쪽 무릎 안쪽 부분의 바지를 잡는다.

②③ 양손으로 상대방을 단숨에 들어올려 뒤집는다. 이 때는 틈을 주지 말고 왼쪽 무릎은 상대방의 왼쪽 허리에 대고, 상대방이 왼쪽으로 돌아서 피하는 것을 막는다.

④⑤ 오른손을 상대방의 목 밑으로 넣어 안쪽 옷깃을 잡고 가로누르기로 누른다.

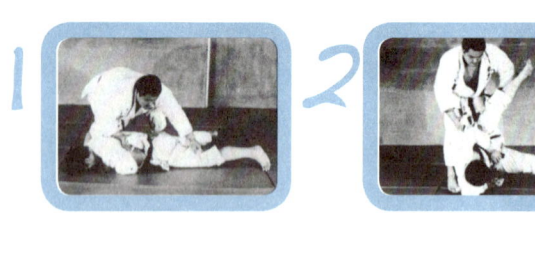

※ 굳히기의 공격과 방어법③ (발을 빼는 법)

상체를 결정하는 항에서 누르기로 공격하는 경우의 포인트를 들었는데, 상대방이 발을 껴안고 필사적으로 피하려 할 때, 우선 상체를 제압한 후 신속하게 발을 빼는 것이 중요합니다. 발을 빼는 방법은 여러 가지가 있겠지만 여기서는 대표적인 방법만 소개하겠습니다.

❶ 방법 1

① 상대방의 상체를 공격하여 오른손으로 상대방의 왼쪽 무릎 부분의 바지를 잡는다.

②③④ 오른손으로 상대방의 다리를 들어올려 허리의 움직임을 제압한다. 이때 자기의 왼쪽 무릎을 상대방의 허리 밑으로 넣는다. 그렇게 하면 상대방의 허리가 붕 뜨게 되므로 오른쪽 발을 뺄 수 있다.

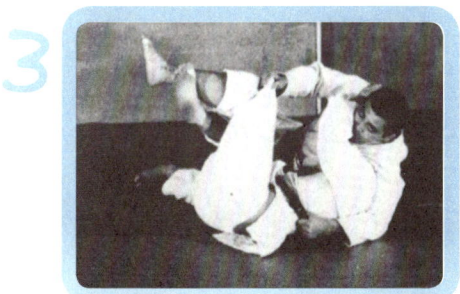

반대쪽에서

굳히기 :: 147

■ 발을 휘감는 법

발이 감겨 있을 때는 눌리지는 않는다. 자기의 양다리로 상대방의 한쪽 다리를 끼고 감는다

❷ 방법 2

뺀 다음 → a. 세로누르기로
　　　　→ b. 가로누르기로

①② 상대방의 왼쪽 겨드랑이 밑에 손을 넣어 왼쪽 옷깃을 잡아서 상체를 앞쪽으로 이동시킨다.

③④ 왼발을 사용하여 상대방의 발을 휘감은 것을 느슨하게 하여 오른발을 빼고 그대로 세로누르기로 누른다.

③④⑤ 왼발을 사용하여 상대방의 발을 휘감은 것을 느슨하게 하여 자세를 원위치로 되돌려서 신속하게 가로누르기로 누른다.(왼발만으로는 좀처럼 뺄 수 없을 때는 오른손으로 상대방의 왼쪽 무릎을 안쪽에서 밀어주는 것이 좋다)

❸ 방법 3

① 상대방의 유도복을 이용하여 상체를 공격하고 오른손으로 상대방의 왼쪽 무릎 위의 바지를 잡는다.
②③ 감긴 오른발을 무릎을 세워서 상대방 엉덩이 쪽으로 끌어당겨 오른손으로 상대방의 다리를 밀고, 몸을 느슨하게 하는 동시에 오른발을 재빨리 뺀다.

❹ 방법 4

① 상체를 공격한다.
②③④⑤ 오른손으로 상대방의 겨드랑이 밑을 잡고 오른발을 상대방의 왼쪽 무릎 안쪽에 대어 민다. 자세를 느슨하게 하여 재빨리 왼발을 빼고 가로누르기로 누른다. (왼발을 뺄 때 상체의 공격이 허술하면 상대방이 왼쪽으로 회전하여 엎드려서 피할 수 있으므로 주의할 것)

❺ 방법 5
■ **발을 이중으로 휘감은 경우**

〈제1단계〉

① 상체를 공격한다.

②③ 허리를 낮추고 오른쪽 무릎을 꾸부려 가능한한 끌어당기고, 기세 좋게 오른발을 뻗친다.(이렇게 하면 이중으로 휘감은 것이 풀린다)

〈제2단계〉

④ 오른쪽 무릎을 세우고 발뒤꿈치를 상대방의 허리 가까이 댄다. (그러면 상대방이 이중휘감기를 할 수 없다)

⑤⑥⑦ 오른발과 왼발로 휘감은 것을 느슨하게 하여 오른발을 빼고 가로누르기로 누른다.

❻ 방법 6

- 허리를 비틀어 뺀다.

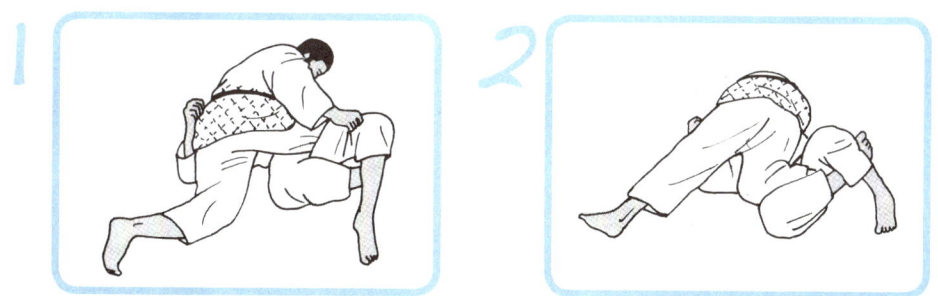

[8]세로누르기

상대방을 말타기를 하여 누른다.(작은 사람이 키가 큰 사람을 누르는 기술)
위를 향해 누운 상대방의 몸 위로 말타기를 하여 양다리로 상대방을 끼고 양손으로 상대방의 목과 팔을 제압하여 누르는 기술입니다. 이 기술을 익히면 키가 작은 사람이 키가 큰 사람을 누를 수 있는 좋은 기술입니다.

①왼손을 상대방의 왼쪽 어깨 너머로 돌려 뒤쪽 띠를 잡고, 오른팔로 왼쪽 겨드랑이 밑을 잡아올린 다음,
②상대방의 왼팔을 머리 위로 뻗게 하고 자기도 상대방의 몸 위로 엎드린 자세를 하여 상대방의 어깨와 팔을 누른다.
③양다리로 상대방의 몸을 꽉 감는다.(상대방이 어떻게 움직이는가에 따라 감는 것도 다르다)

❶ 그밖에 상체를 공격하는 방법

a. 자기의 오른팔로 상대방의 목을 감고 (자기의 오른쪽 옆띠를 잡는다), 왼팔로 상대방의 오른팔을 껴안은 다음 자기의 왼쪽 옷깃을 잡고 상체를 공격한다.

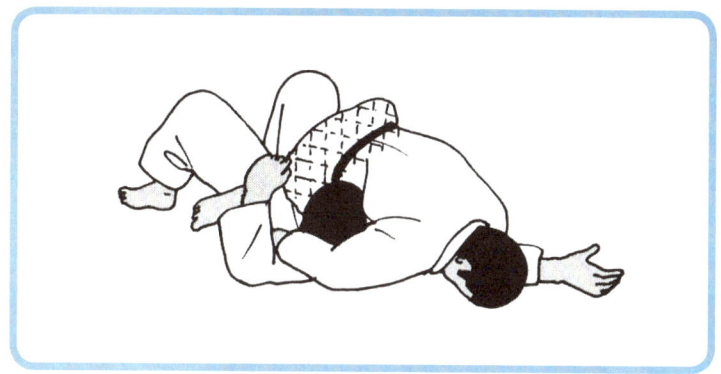

b. 어깨누르기와 같은 요령으로 상대방의 목과 팔을 끼고 양손으로 상체를 제압한다.

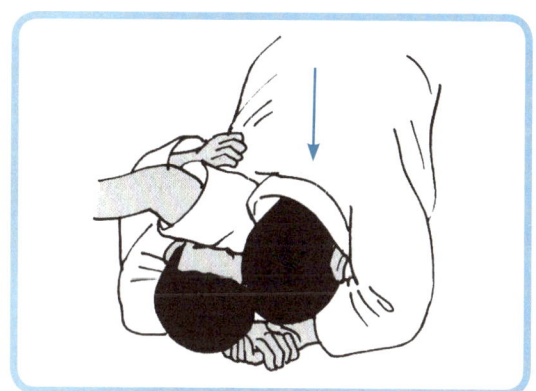

❷ 피하기

①옆으로 비틀어 제낀다
　양발을 좌우로 크게 흔들어 허리를 움직이고, 몸을 비틀어 옆으로 제낀다.
②발을 감는다
　제압당하지 않은 쪽 손으로 상대방의 무릎 관절 부분을 누르고 양다리는 낀 것을 느슨하게 하여 발로 휘감아 피한다.

❸ 세로누르기의 공격법(위에서)

■ 팔다리를 굽히고 누운 상대방을 뒤쪽에서 공격하는 경우

① 상대방의 양쪽 겨드랑이 밑으로 두 손을 넣어 양쪽 옷깃을 잡는다.
②③두 발을 상대방의 양쪽 넓적다리 안쪽에 대고 비스듬히 오른쪽 앞으로 자기가 회전한다.
④ 회전하면서 오른팔을 상대방의 오른쪽 겨드랑이 밑으로 넣어
⑥ 상대방의 왼쪽 옷깃을 잡고 있는 왼손을 다시 끌어당기면서 재빨리 허리를 회전시켜 그대로 세로누르기로 누른다.

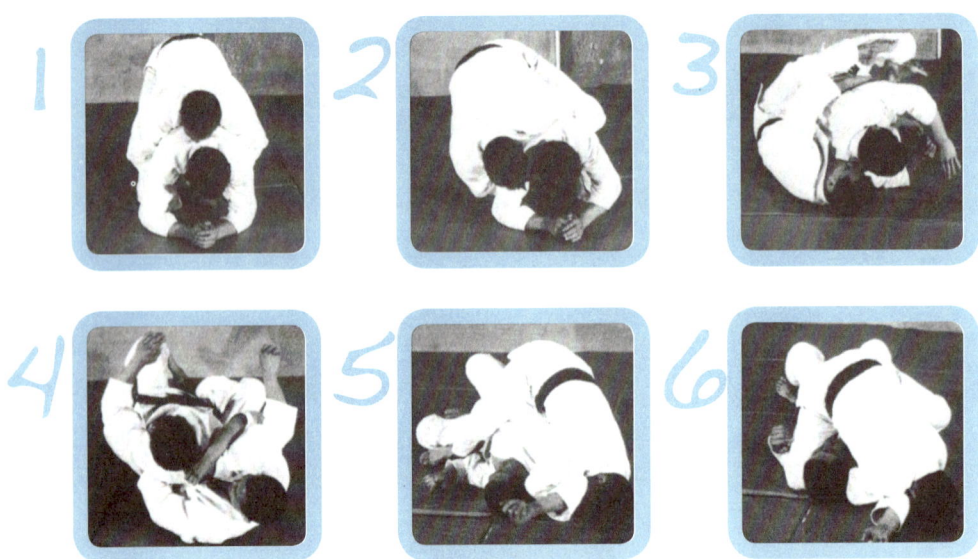

 **3 } 조르기**

〈한순간에 승부가 결정되는 필살기〉

　상대방의 목(주로 경동맥)을 자기의 양손이나 상대방의 유도복 깃을 이용하여 조르고, 제압하는 기술입니다. 조르기를 당해 의식을 잃은 것을 '오치루(落る)'라고 합니다. 이것은 주로 목부분이 압박당함으로써 대뇌의 산소가 결핍하는 데서 일어납니다. 상대방이 의식을 잃었을 때는 활법(活法;인공호흡)을 써서 자극을 주면 눈을 뜨게 할 수 있습니다. 조르기는 초등학생들에게는 금지되어 있습니다.

■**조르기의 한판**
- a. '한판'의 신호
    (손이나 발로, 상대방이나 자기의 몸이나 매트를 두 번 이상 두드린다)
- b. 기술의 효과가 나타났을 때 ─ 의식을 잃었을때
    　　　　　　　　　　　　 └ 의식을 잃기 전이라도 심판이 효과를 인정했을 때

■**조르기의 포인트**
- a. 우선 상대방을 저항하기 어려운 자세로 만드는 것.
- b. 자기는 자유롭게 움직일 수 있는 자세일 것.
- c. 조를 때는 온몸의 힘을 손에 모아 단숨에 조를 것.
- d. 자기의 발이나 체중을 효과적으로 사용할 것.

■**조르기 기술의 종류**
- a. 경동맥을 압박하여 조른다 – 십자조르기, 안아조르기, 죽지걸어조르기
- b. 기관(氣管)을 압박하여 조른다 – 맨손조르기

■ 금지사항
  · 조르기 기술 중에서 몸통조르기와 목이나 머리를 직접 다리로 끼고 조르는 것.

■ 조르기 기술의 응용방법
  a. 턱을 당겨서 상대방의 손이 목에 와 닿지 않게 한다.
  b. 겨드랑이를 몸에 붙여서 겨드랑이 밑으로 상대방의 손이 들어오지 못하게 한다.
  c. 상대방의 손과 자기의 목 사이에 공간을 만들어 조른 것을 느슨하게 한다.(안아조르기, 맨손조르기 – 양손으로 목에 닿아 있는 상대방의 팔을 소매를 당겨서 느슨하게 한 후 팔을 뺀다)
  d. 자기의 두 팔을 십자 모양으로 마주잡아 막는다.
  e. 기타

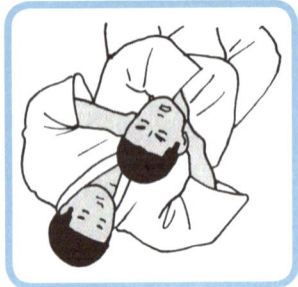 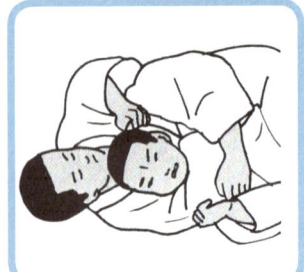 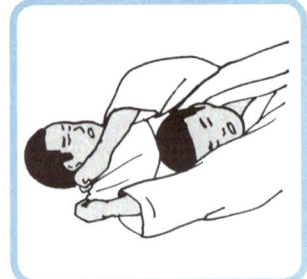

[1]안아조르기
■ 왼손으로 조르는 경우

①상대방의 등뒤에 위치하여 오른손을 상대방의 오른쪽 겨드랑이 밑으로 넣어서 왼쪽 옷깃을 잡는다. 왼손은 상대방의 어깨 위에서 턱밑으로 넣어서 오른쪽 옷깃을 깊게 잡고, 머리로 상대방의 머리를 밀도록 한다.

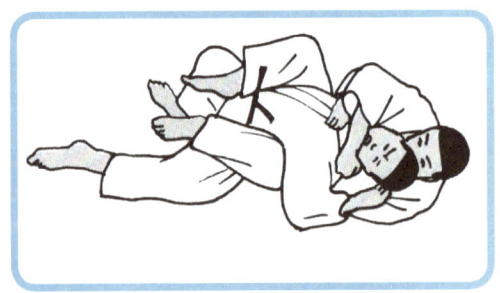

②③오른손을 아래로 당기면서 왼손은 자기의 왼쪽 겨드랑이 밑쪽으로 당기듯이 하여 조른다.

보다 실전적인 방법으로는 상대방이 몸을 회전시켜 피하지 못하도록 자기의 양다리로 상대방의 양다리를 조르면 좋다. (다리를 사용하여 상대방을 제압한다!)

❶ 안아조르기의 공격법(위에서)

■ 팔다리를 굽히고 누운 상대방을 옆에서 공격하는 경우

①② 오른손을 상대방의 오른쪽 겨드랑이 밑으로 넣어서 오른쪽 옷깃을 얕게 잡는다. 자기의 몸을 밀착시켜, 가슴을 앞으로 내밀듯이 하여 상대방의 움직임을 제압한다. 왼손은 상대방의 왼쪽 귀 부분에서 목을 스쳐 지나가 상대방의 오른쪽 옷깃을 깊숙이 잡는다.

③④ 앞쪽으로 비스듬히 체중을 실어 상대방의 몸을 짓누르면서 오른쪽 다리를 앞으로 내밀어 체중을 실어서 조른다.

[2] 맨손조르기

· **가슴을 대고 조른다**

- 상대방의 등뒤에서 목을 안아 조른다.
- 양손의 손바닥을 십자형으로 잡는다.
- 휘감아 돌린 앞팔(손목보다 약간 윗부분)이 상대방의 목 앞쪽에 닿도록 한다.
- 자기의 몸을 약간 뒤쪽으로 빼면서 상대방을 끌어당겨 조른다. (돌린 팔로 겨드랑이를 조른다.)

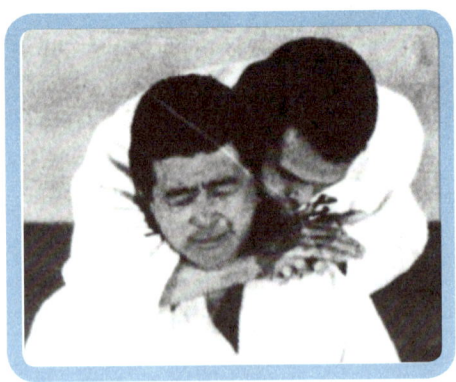 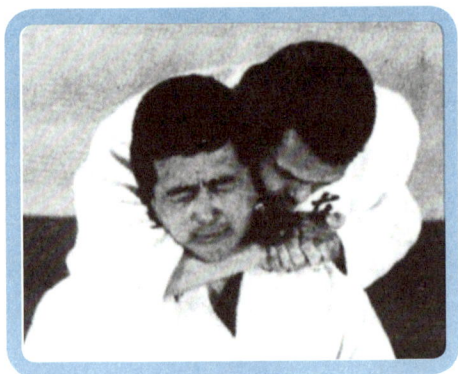

❶ **맨손조르기의 공격법(위에서)**
· 무릎을 굽혀 누운 상대방을 말타기를 하고 뒤에서 공격하는 경우

①②③ 상대방의 등에 말타기 자세를 하여 양손으로 상대방의 양쪽 팔꿈치를 누르고 아랫배를 내밀면서 다리를 뻗쳐 찌부러뜨린다.

④⑤ 기세 좋게 찌부러뜨린 반동으로 상대방의 상체가 휘어지는 찬스를 포착하여 신속하게 오른팔을 목에 돌리면서 허리는 앞쪽으로 내밀고 양손으로 당겨서 조른다.

상대방의 몸을 충분히 휘이게 하는 것이 포인트.

  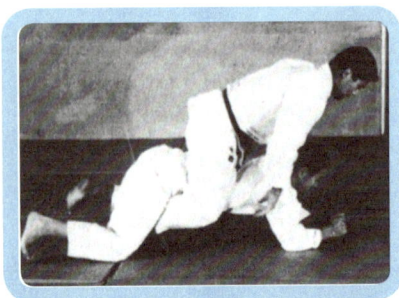

[3] 죽지걸어조르기

- **상대방의 팔을 위로 들어올려 조른다**(안아조르기와는 형제 같은 기술)

  상대방의 등뒤에서 안아조르기와 같이 어깨 너머로 오른손을 턱 아래로 돌려서 왼쪽 옷깃을 깊숙이 잡고, 왼손은 상대방의 왼쪽 겨드랑이 밑으로 집어 넣어 왼팔을 들어올려 제압하고, 단숨에 상대방의 머리 뒤로 찌르듯이 넣어서 조른다.

❶ 죽지걸어조르기의 공격법(위에서)

■ 팔다리를 굽히고 누운 상대방을 뒤에서 공격하는 경우

① 말타기가 되어 양다리로 상대방의 몸을 제압하고, 왼손을 상대방의 왼쪽 겨드랑이 밑으로 넣어 왼쪽 옷깃을 잡는다. 오른손은 안아조르기의 요령으로 턱밑으로 넣어 왼쪽 옷깃을 잡는다. (안아조르기를 할 때보다 얕게)

②③④ 왼쪽 옆으로 회전하면서 왼손으로 상대방의 왼팔을 들어올려 신속하게 왼팔을 상대방의 머리 뒤로 보내어 양다리로 힘껏 상대방을 제압하여 조른다.

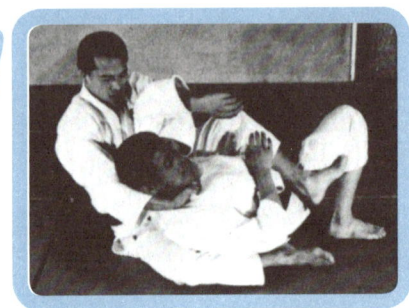

[4] 십자조르기

· **양손을 십자로 교차시키면서 조른다**

· 상대방의 앞에서 자기의 양손을 십자 모양으로 교차시켜, 각각의 손으로 상대방의 안쪽 옷깃을 잡고 양손으로 끌어당겨 목을 조르는 기술.

· 양손을 맞잡는 방법으로 병십자조르기, 편십자조르기, 역십자조르기의 세 가지가 있다.

역십자조르기

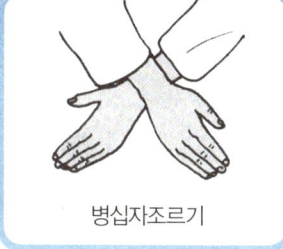
병십자조르기

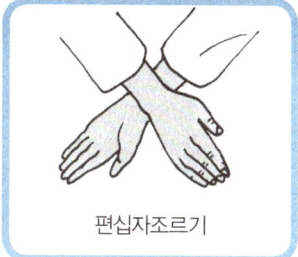
편십자조르기

- 팔힘만으로 조르는 것이 아니고 자기의 가슴쪽으로 끌어당기거나 자기의 체중을 요령껏 걸어서 조르는 것이 좋다.
- 상대방의 옷깃은 가급적 깊숙히 잡는다.
- (편십자조르기의 경우) 한쪽 손은 엄지손가락쪽, 다른 손은 새끼손가락의 밑둥이 목부분에 닿게 하여 조른다.

❶ 편십자조르기의 공격법(밑에서)

① 왼손으로 상대방의 왼쪽 옷깃을 잡고(넷째손가락 안쪽), 오른손으로 상대방의 왼쪽어깨 옷깃을 잡고 끌어당긴다.
②③ 상대방이 앞으로 나오는 순간을 포착하여 몸을 왼쪽으로 비켜서면서 오른손을 상대방의 머리 너머로 돌려 양팔을 교차시킨다. (십자조르기의 꼴로 된다)
④ 양손을 자기의 가슴쪽으로 끌어당겨 오른발로 상대방의 오른쪽 무릎을 밀어서 상대방의 몸을 뻗게 하여 조른다.

〈조르기의 하이테크닉〉

조르기의 기술 중에서도 고난이도 기술로 삼각조르기가 있습니다. 이것은 상대방의 목과 한쪽 팔을 자기의 양다리를 이용하여 삼각으로 끼워 조르는 기술입니다. 여기서는 그림으로 삼각조르기의 모양을 소개합니다. (초등학생과 중학생은 금지)

가로삼각조르기

안쪽삼각조르기

밖에서 하는 삼각조르기

 **4 } 꺾기**

〈단숨에 팔꿈치꺾기를 결정한다〉
- 상대방의 팔꿈치 관절을 뻗거나, 꾸부리거나, 비틀거나 하는 기술입니다. (팔꿈치관절 이외의 관절을 꺾는 것은 금지되어 있습니다)
- 꺾기기술의 한판은 조르기기술과 마찬가지로 '졌다'는 신호를 했을 때, 또는 심판이 기술의 효과를 인정한 경우입니다.
- 꺾기기술을 너무 무리하게 쓰거나 걸거나 하면 상대방이 부상을 당하게 되므로 서로 주의해야 합니다. (초등학생이나 중학생에게는 이 기술을 금지하고 있다)

■ **꺾기기술의 포인트**
- a. 우선 상대방이 저항하기 어려운 자세로 만들 것.
- b. 자기는 자유롭게 움직일 수 있는 자세가 될 것(조르기와 같다).
- c. 비틀거나, 반대로 하거나, 그 방향이나 각도를 염두에 두고 해야 한다. 십자꺾기는 '지렛대의 원리'로 한다. (상대방의 무릎관절에 자기의 힘이 합리적으로, 그리고 가장 효과적으로 작용하도록 한다)
- d. 재빨리 기술을 건다.

■ **꺾기기술의 응용법**
(기술이 완전히 걸리면 빠져나올 수 없다! 그 전이 공격과 방어의 승부)
- a. 누운 기술의 공격과 방어에서 함부로 손이나 팔을 내밀지 않는다. (■ 위를 향해서 누운 상대방을 발로 공격하는 경우에 쓰이는 격언. '띠보다 앞쪽으로 손을 내밀지 마라'
- b. 겨드랑이를 옆구리에 완전히 밀착시키고 무릎꺾기가 들어오지 못하게 하고 몸을 비틀어 피한다.
- c. 자기의 띠나 손, 유도복의 소매, 바지 등을 잡고 방어한다.

[1]팔얽어비틀기
■ **팔꿈치의 관절을 비튼다**

- 위를 향해서 누운 상대방의 옆에 위치하여(십자 모양) 오른손으로 상대방의 손목을 잡고 왼손으로 자기의 손목을 잡고 맞서서 상대방의 팔꿈치 관절을 비튼다.
- 상대방 왼팔의 각도는 약 90° 정도로 꾸부린다.
- 상대방의 상체를 확실하게 제압해둔다. (특히 왼쪽 어깨가 고정되도록 제압한다)

a. 안쪽으로 비튼다   b. 바깥쪽으로 비튼다

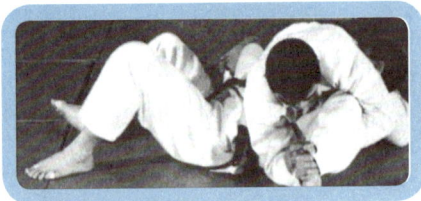 

❶ 팔얽어비틀기의 공격법(위에서)

①②③위에서는 제압하기 어렵다. 상대방이 실수하여 왼손을 내밀었을 때를 순간적으로 포착하여 오른손으로 상대방의 왼손을 잡고, 자기의 왼손을 상대방의 왼쪽 어깨밑으로 넣어서 자기의 오른손을 잡는다. 오른손으로 상대방의 손목을 끌어당기듯이 하면서 팔꿈치 관절을 비튼다.

[2] 팔가로누워꺾기

■ **팔꿈치의 관절을 잡아늘인다**

- 상대방의 몸과 십자 모양의 자세에서 양손으로 상대방의 손목을 잡고, 양무릎으로 팔을 끼고, 팔을 잡아늘여서 무릎관절을 공격하는 기술입니다.
- 상대방의 엄지손가락을 위로 해서 역으로 잡으면 잘 된다.
- 자기의 엉덩이를 상대방의 어깨 가깝게 깊게 내리면 상대방의 어깨가 잘 고정된다.
- 상대방의 몸과 각도가 직각으로 되는 것이 좋다.
- 양넓적다리로 힘껏 낀다, 자기의 양손으로 상대방의 팔을 잡아당긴다, 허리를 뜨게 하여 몸을 제끼는 동시에 단숨에 꺾는 것이 중요하다.

❶ 팔가로누워꺾기의 공격법(위에서)
· 엎드린 상대방을 공격하는 경우

① 엎드린 상대방의 몸 위에 말타기를 한 자세에서 왼손으로 상대방의 왼쪽어깨 너머로 왼팔을 넣어서
②③왼쪽 앞쪽으로 회전하면서 양팔을 끌어당긴다. 이 때 오른발을 상대방 배에 댄다.
④⑤상대방을 반전시키는 동시에 십자 모양으로 되어 오른발을 십자로 끌어당겨 몸을 제껴서 반대로 한다.

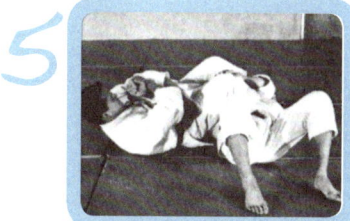

[3] 그밖에 주요한 꺾기

어깨대팔꿈치꺾기	무릎대팔꺾기	겨드랑이대팔꺾기
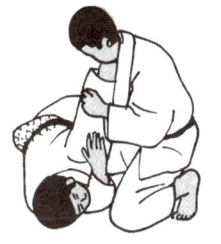		
상대방의 손목을 고정시켜 양손으로 바깥쪽에서 팔꿈치를 누르며 공격한다	무릎으로 상대방의 팔꿈치 관절을 공격한다.	상대방의 팔을 자기의 겨드랑이에 끼고 공격한다.

柔道 Judo

Part 06

연결기술

기술을 하나하나 습득하여 자기가 잘 쓸 수 있는 기술을 갖게 되었으면, 이번에는 다른 기술과 자기가 자신 있게 쓸 수 있는 기술을 '연결'시키는 것이 승부의 지름길입니다. 상대방의 기술이 약할 때는 하나의 기술로 제압할 수 있겠으나 실력이 비슷할 때는 단조로운 기술로는 이길 수 없습니다.

　기술을 하나하나 습득하여 자기가 잘 쓸 수 있는 기술을 갖게 되었으면, 이번에는 다른 기술과 자기가 자신 있게 쓸 수 있는 기술을 '연결'시키는 것이 승부의 지름길입니다. 상대방의 기술이 약할 때는 하나의 기술로 제압할 수 있겠으나 실력이 비슷할 때는 단조로운 기술로는 이길 수 없습니다. 한 기술과 다른 기술을 연결하는 것을 연구하여 자기가 자신 있게 쓸 수 있는 기술을 중심으로 몇 가지 기술을 짜맞추어 다채로운 공격을 전개하는 것이 중요합니다. 연결기술에는 스피드와 타이밍, 정확한 판단력이 필요합니다. 이 장에서는 다음과 같은 분류에 따라 연속사진으로 연결기술을 설명하고자 합니다.

- ① 메치기 → 메치기　(a) 자기의 기술　→　자기의 기술
　　　　　　　　　　　(b) 상대방의 기술　→　자기의 기술
- ② 메치기 → 굳히기　(a) 자기의 기술　→　자기의 기술
　　　　　　　　　　　(b) 상대방의 기술　→　자기의 기술
- ③ 굳히기 → 굳히기　(a) 자기의 기술　→　자기의 기술
　　　　　　　　　　　(b) 상대방의 기술　→　자기의 기술

[1] 자기의 기술 → 자기의 기술(적극적인 전법)

　이 연결변화는, 첫번째 기술이 안 먹히면 다음에는 다른 기술을 걸겠다고 즉각 판단하여 연속공격을 할 수 있는 패턴으로 공격할 것, 또한 최초의 기술로 상대방을 견제하여 기술을 걸면서 상대방을 메치고 다음 기술로 연결하는 것이 포인트가 됩니다.

❶ **안뒤축후리기 → 양손업어치기**

①②③ 상대방을 밀어부쳐 안뒤축후리기를 건다.
④ 상대방이 왼발을 풀어 안뒤축후리기를 풀면서 자세를 바로 잡으려고 되밀어 온다.
⑤⑥⑦⑧⑨ 그런 타이밍을 포착하여 왼쪽으로 양손업어치기를 걸어서 메친다.

❷ 안다리후리기 → 양손업어치기

①②③   상대방을 밀어부쳐 안다리후리기를 건다

④⑤   상대방도 오른발로 안다리후리기를 풀면서 자세를 고치려고 되밀어 온다.

⑥⑦⑧⑨⑩ 그 타이밍을 포착하여 왼쪽으로 양손업어치기로 메친다.

❸ 안다리후리기 → 빗당겨치기

①②③　　상대방을 밀어부쳐 안다리후리기를 건다.
④　　　　상대방이 오른발을 들어올려 안다리 후리기를 벗어나면서 자세를 바로잡기 위해 되밀어온다.
⑤⑥⑦⑧⑨ 그 타이밍을 포착하여 왼쪽 빗당겨치기로 메친다.

❹ 안다리후리기 → 밭다리후리기

①②③ 상대방을 밀어부쳐 안다리후리기를 건다.

④⑤⑥ 상대방이 오른발로 안다리후리기를 벗어나며 뒤로 물러서려는 순간을 포착하여, 자기의 오른발을 상대방의 오른발 뒤로 깊게 내딛어 상대방을 쓰러뜨리고,

⑦⑧⑨ 밭다리후리기로 메친다.

❺ 안다리후리기 → 허벅다리걸기

①②③ 상대방을 밀어부쳐 안다리후리기를 건다.
④⑤　상대방이 오른발을 올려서 안다리후리기에서 빠져나오려고 하는 것을 다시
　　　앞으로 끌어내어 하벅다리걸기의 자세로
⑥⑦⑧ 단숨에 차올려 허벅다리걸기로 메친다.

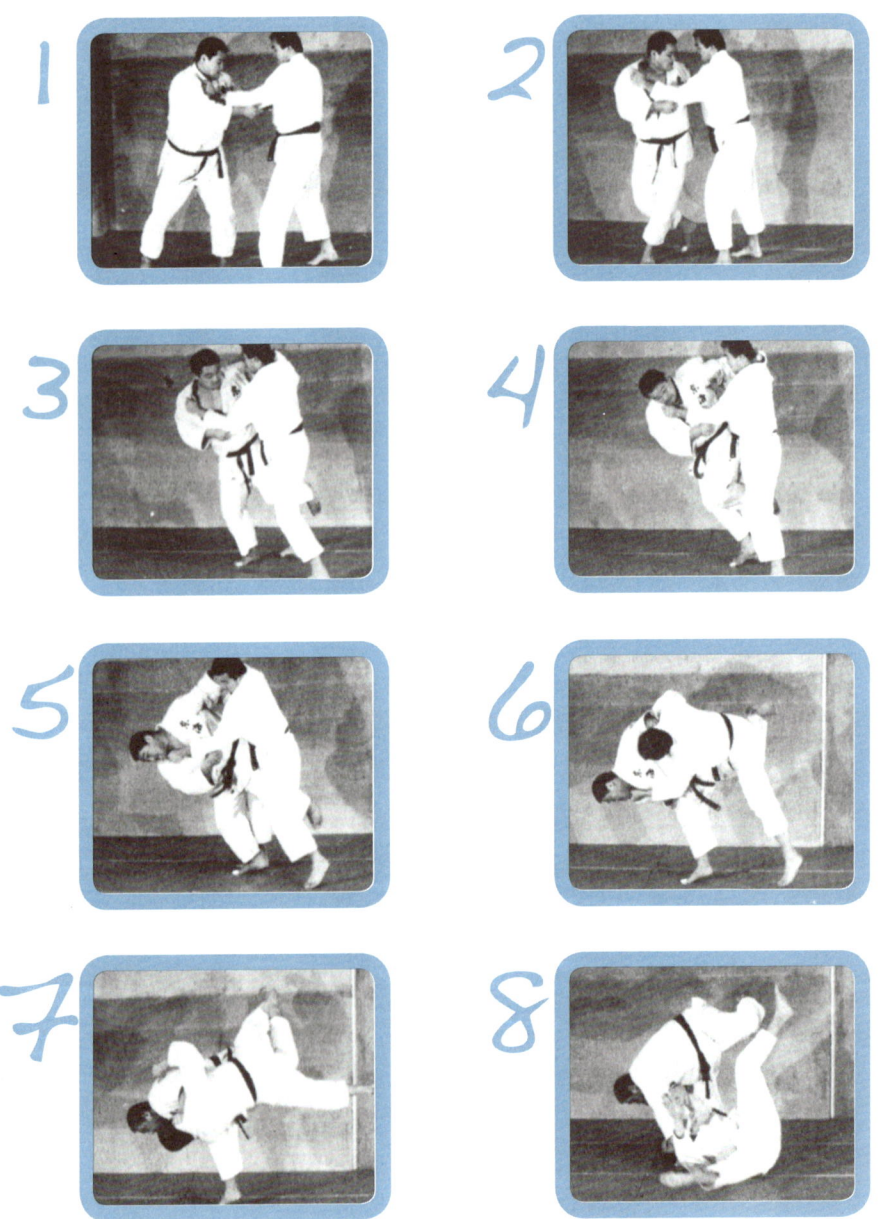

❻ 안다리후리기 → 빗당겨치기 → 발목받치기

①②③상대방을 밀어부쳐 안다리후리기를 건다.

④⑤⑥상대방이 오른발로 안다리후리기를 방어하는 순간을 포착하여, 재빨리 빗당겨치기로 들어간다.

⑦⑧⑨상대방이 빗당겨치기를 벗어나기 위해 자기의 왼발을 뛰어넘은 다음 자세를 고치려고 몸의 중심을 이동시키려는 순간을 포착하여, 자기의 오른발을 축으로 하여 이번에는 발목받치기로 바꾸어 메친다.

⑩⑪⑫⑬자기의 오른발을 축으로 하여 이번에는 발목받치기로 바꾸어 메친다.

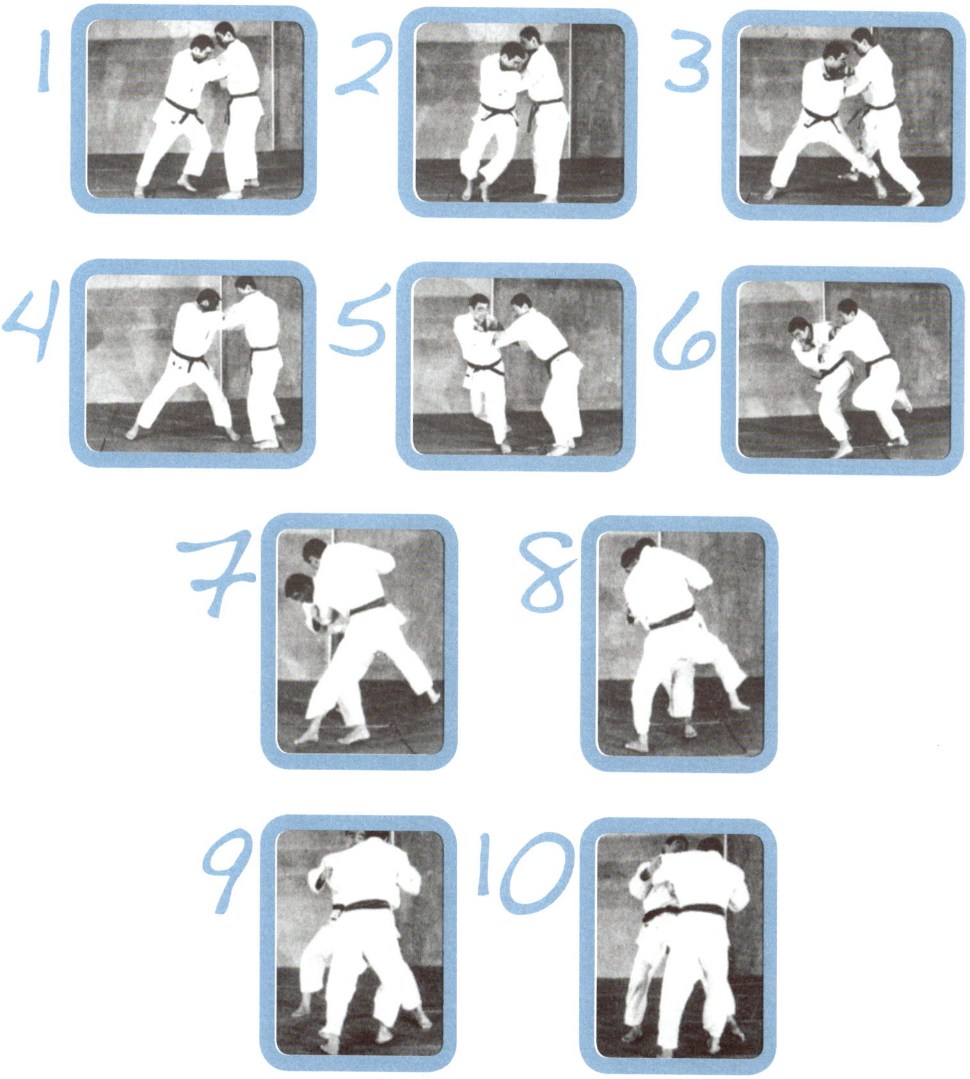

❼ 기타 주요한 연결기술의 변화

　　한팔업어치기　→　안뒤축후리기
　　안다리후리기　→　허리후리기
　　밭다리후리기　→　발목받치기
　　허벅다리걸기　→　안뒤축후리기

[2] 상대방의 기술 → 자기의 기술

상대방의 공격을 피하면서 상대방의 힘을 교묘하게 이용하여 자기의 기술에 연결시켜서 메치는 테크닉입니다. 주의할 점은 초보자일 때부터 이 전법에만 열중하면 기술 그 자체가 발전하지 못하므로 역시 자기가 먼저 기술을 걸어서 공격하는 것이 제일 좋다는 것을 잊지 말도록 합시다.

❶ 안다리후리기 → 안다리되치기

①② 상대방이 안다리후리기를 걸어온다.
③④ 몸을 제끼면서 왼발을 앞으로 내민다. 이 때 왼발 발끝에 힘을 집중해서 왼쪽
　　다리를 한 개의 막대처럼 뻗는다.
⑤⑥ 허리를 비틀어 메친다.

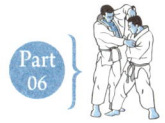

❷ 허벅다리걸기 → 다리들어메치기

①② 상대방이 허벅다리걸기를 걸어온다.
③ 허리를 낮추어 오른손으로 떠받치고, 왼손은 상대방의 넓적다리로 파고든다.
④⑤ 몸을 뒤로 제껴서 왼쪽 허리에 싣듯이 상대방을 들어올려,
⑥⑦⑧왼발을 반발짝 앞으로 내밀면서 허리를 비틀어 메친다.

1
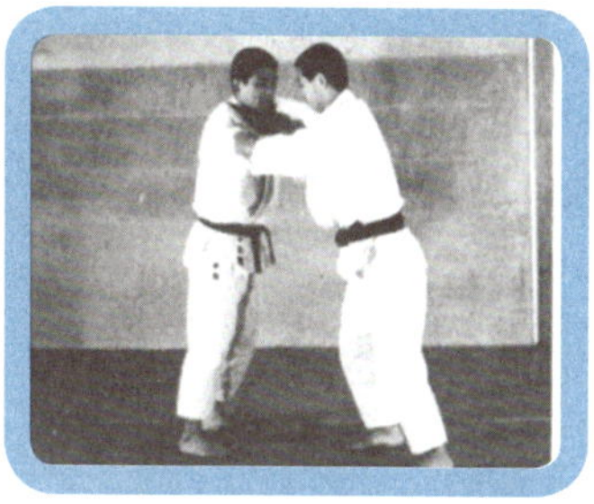

2
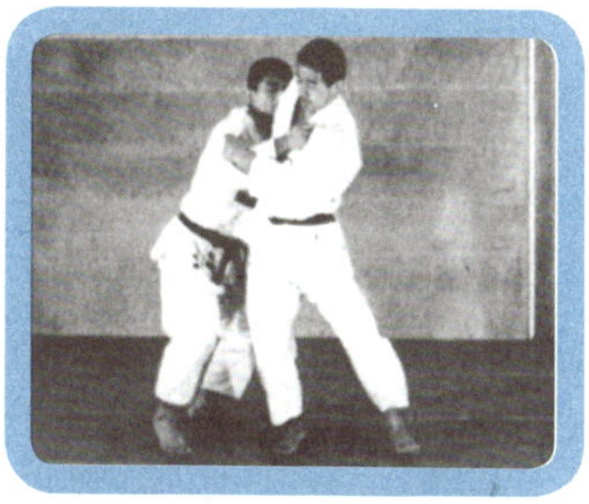

3
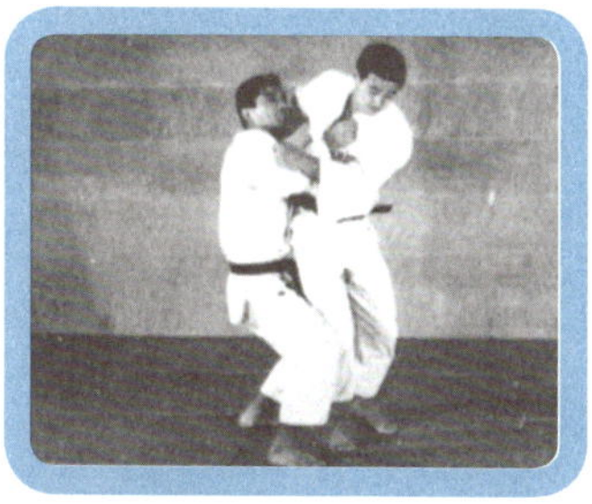

4
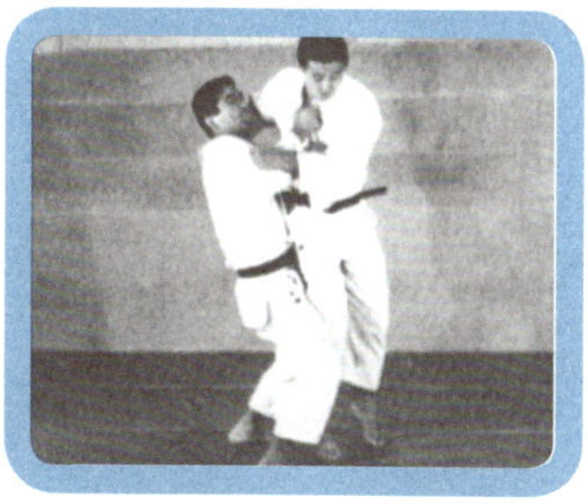

5
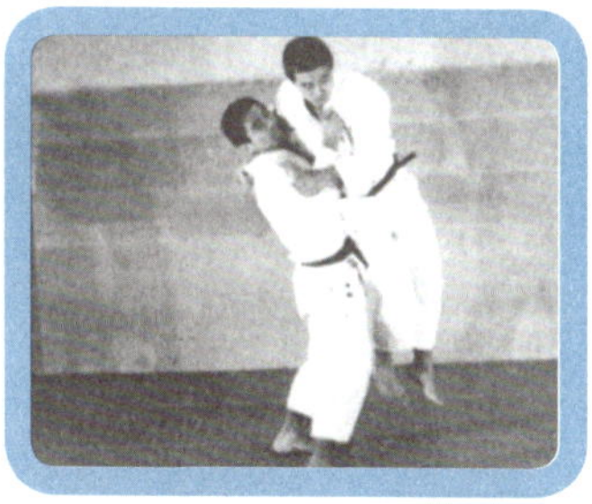

6
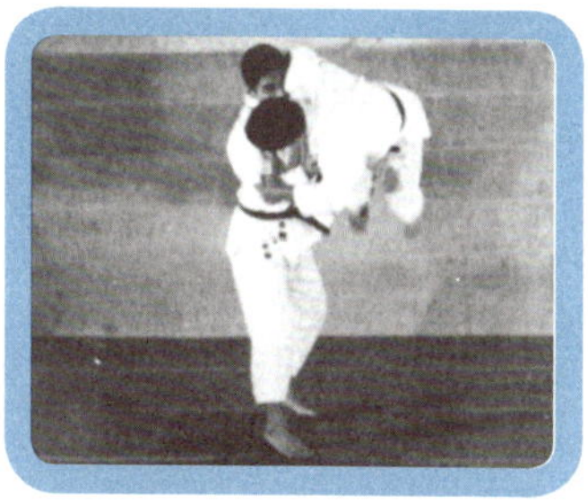

7
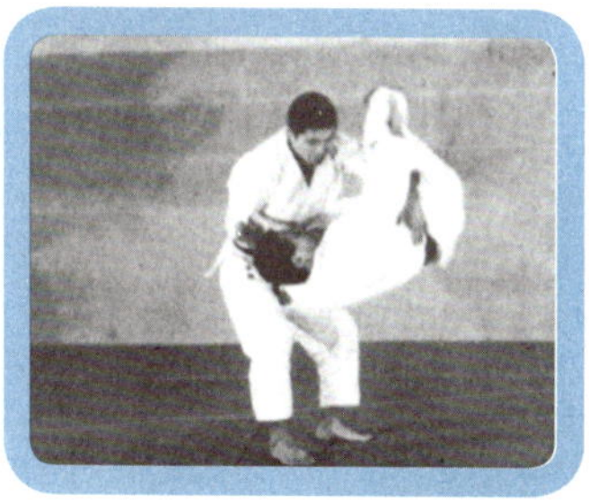

8
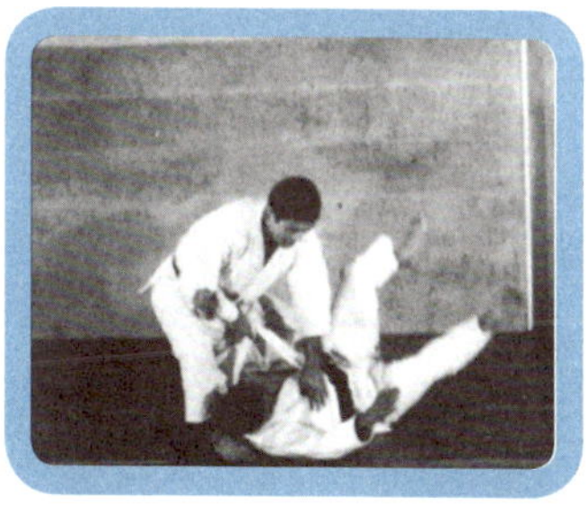

❸ 허벅다리걸기 → 빗당겨치기

①② 상대방이 허벅다리걸기를 걸어올 때 왼손으로 상대방의 겨드랑이 밑을 잡고 끌려가지 않도록 하고 허리를 비틀어 방어한다.

③④ 자세를 낮추어 왼발을 오른발 쪽으로 붙여서 상대방의 왼발 앞으로 내디디고,

⑤⑥⑦ 상대방이 기술을 걸어온 기세를 이용하여 빗당겨치기로 메친다.

❹ **그밖에 주요한 연결기술의 변화**

(상대방의 기술)		(자기의 기술)
안다리후리기	→	업어치기
밭다리후리기	→	누우면서던지기
허리껴치기	→	허리옮겨치기
허벅다리걸기	→	모로돌리기
밭다리후리기	→	밭다리되치기
안뒤축후리기	→	무릎대돌리기
빗당겨치기	→	발뒤축후리기

 메치기 → 굳히기

유도시합은 선 기술로 시작되는데 메치기로 한판이 안 되었을 때는 즉각 굳히기 기술을 넣어서 공격합니다. 상대방을 껴안아 쓰러뜨리고 굳히기로 공격하는 것이 승부의 포인트로 되는 경우가 많습니다.

실수 없는 확실한 유도를 하기 위해서는 이 연결변화를 익히는 것이 중요합니다. 메치기를 한 다음 틈을 주지 말고 굳히기로 들어가서 공격하는 습관을 평소에 연습할 때부터 기릅시다.

또한 '처음부터 누워서 하는 기술로 끌어들이는 것은 반칙이 되므로 조심합시다.

[1]자기의 기술 → 자기의 기술

❶ **한팔업어치기** → **위고쳐누르기**

①② 왼쪽 한팔업어치기를 건다.
③④ 상대방을 메치고 (이때 상대방은 몸을 피하거나 하여 한판이 안 되게 한다)
⑤⑥⑦상대방의 왼팔을 감은채 가슴을 밀착시켜 그대로 위고쳐누르기로 누른다.

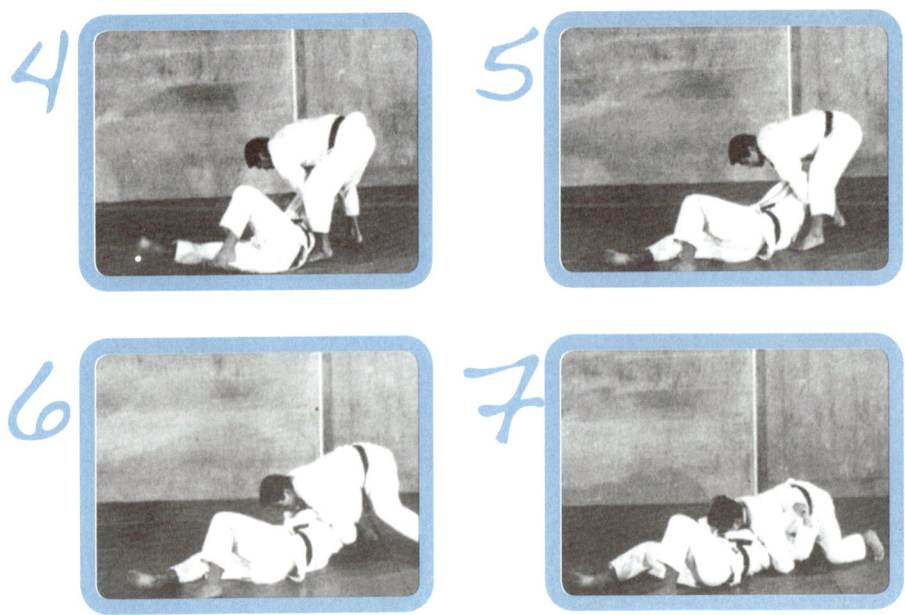

❷ 안다리후리기 → 곁누르기

①②③④ 상대방을 몰아부쳐 안다리후리기로 쓰러뜨린다. (상대방이 엉덩이부터 떨어지거나 몸을 비틀거나 해서 일직선이 되지 않는다)

⑤⑥ 오른손의 당기는 손을 떼지 않고 쓰러뜨린 자세를 이용하여 재빨리 상대방의 몸 왼쪽에 붙어,

⑦⑧ 상대방의 왼팔을 거머쥐고 곁누르기로 누른다.

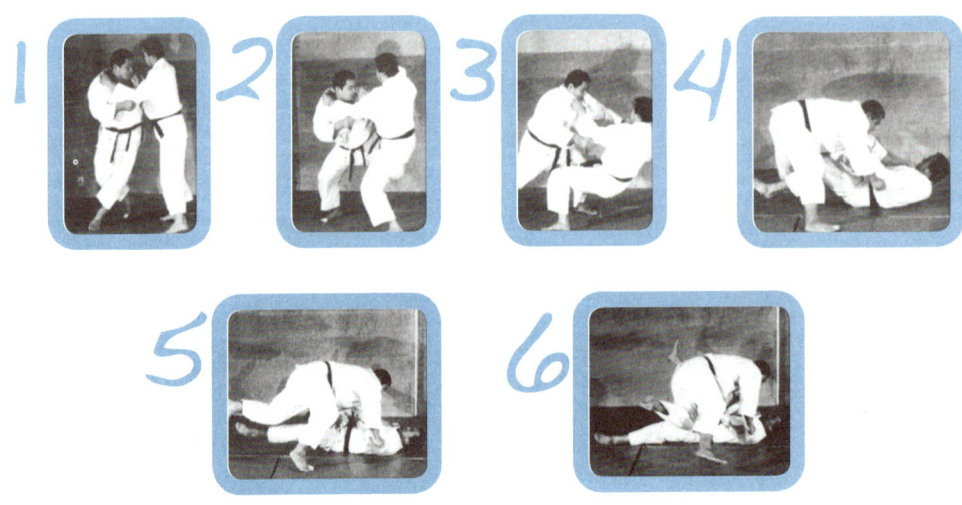

❸ 발목받치기 → 위고쳐누르기

①②③④ 발목받치기로 상대방을 메친다. (상대방이 몸을 비틀거나, 회전하는 것을 누르거나 하여 한판이 안 된다)

⑤⑥⑦ 왼손을 떼지 않고 지체없이 몸을 덮쳐 누른 후 가슴을 밀착시키고, 왼손으로 상대방의 어깨 너머로 띠를 잡아 위고쳐누르기로 누른다.

❺ 그밖에 주요한 연결기술의 변화

밭다리후리기 → 곁누르기
한팔업어치기 → 가로누르기
배대뒤치기 → 팔가로누워꺾기
끌어누우며뒤집기 → 세로누르기

[2]상대방의 기술 → 자기의 기술

❶ 한팔업어치기 → 안아조르기

①② 상대방이 왼쪽으로 한팔업어치기를 건다.
③④ 왼발을 반발짝쯤 돌리듯이 내밀면서 상대방의 자세를 무너뜨려 업어치기를 방어하고,
⑤⑥⑦ 왼손으로 조이면서 상대방의 몸을 짓누르고, 안아조르기(送襟絞)의 자세로 되어 조른다.

❷ 허벅다리걸기 → 오금대떨어뜨리기 → 가로누르기

①② 상대방이 오른쪽 허벅다리걸기로 공격해 온다.
③ 허리를 낮추고 허벅다리걸기를 피한다.
④ 오른발을 반발짝 내밀어 상대방을 앞으로 메치려 한다.
⑤⑥ 상대방이 자세를 고치려고 일어나려는 순간, 왼쪽 다리를 내밀어 오금대 떨어뜨리기 기술을 걸어서 메치면서,
⑦⑧⑨ 신속하게 몸을 반전시켜 상대방의 몸 위에서 가로누르기로 누른다.

3 } 굳히기 ⟶ 굳히기

굳히기는 메치기에 비해서 스피드가 없기 때문에 작전을 짜면서 누르기, 조르기, 꺾기를 짜맞추어 갖가지 방법으로 연속변화를 할 수 있습니다. 굳히기는 연구를 하면 할수록 효과가 나타나므로 부디 자기의 연결패턴을 연구하여 익히기 바랍니다.

[1]자기의 기술 → 자기의 기술

❶곁누르기 → 가로누르기

① 곁누르기로 누른다.
② 상대방은 왼쪽 무릎을 당겨서 엎어진 자세로 빠져나오려 한다.
③④ 몸을 밀착시킨채 오른발을 당겨서 가로누르기의 위치로 되어, 상대방의 오른 팔을 껴안으면서 가로누르기로 누른다.

❷안아조르기 → 위고쳐누르기

①②③④ 엎드려 있는 상대방을 뒤에서 공격하여 옆으로 회전시켜 밑에서 안아조르기로 공격한다.
⑤⑥⑦ 상대방의 왼팔을 끌어당겨서 왼쪽 겨드랑이를 벌리는 순간을 포착하여, 왼손을 상대방의 겨드랑이 밑으로 넣어 팔을 감싸면서 머리를 상대방의 몸에 밀착시키고, 양발을 사용하여 상대방의 몸을 피해,
⑧ 위에서 위고쳐누르기로 누른다.

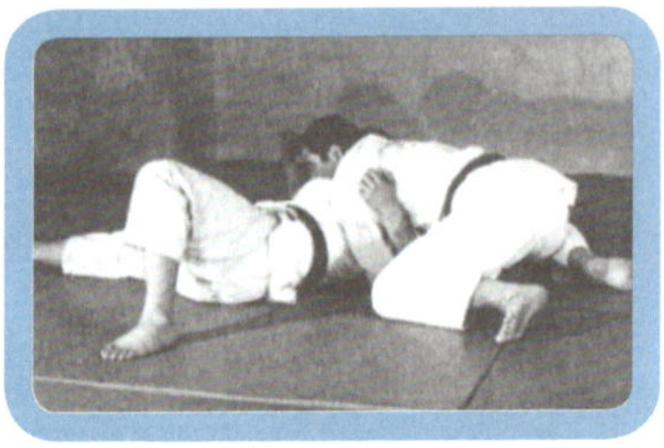

〈포인트 ①② — 양발의 사용법〉

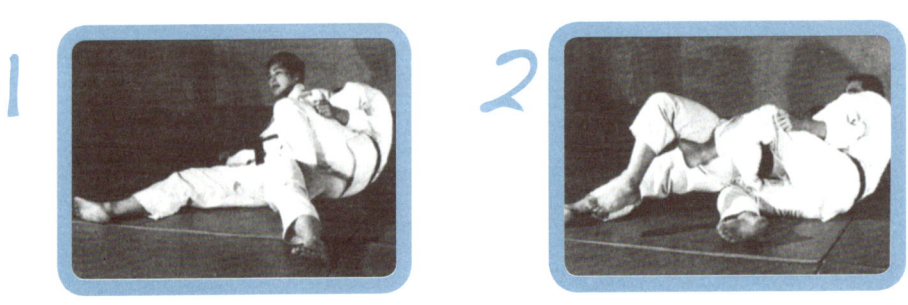

❸ 위고쳐누르기 → 팔가로누워꺾기

①　　위고쳐누르기로 누른다.
②　　상대방이 왼쪽 팔꿈치를 당기고, 엎드려서 빠지려고 할 때.
③④⑤상대방의 머리 너머로 오른팔을 껴안은채 낮은 자세로 신속하게 돌아서 상대방과 십자형이 된다.
⑥　　양무릎을 조여서 팔을 고정시켜 팔가로누워꺾기를 한다.

❹ 팔얽어비틀기 → 위고쳐누르기

①②상대방의 왼팔을 팔얽어비틀기로 공격하는데 상대방이 자기의 띠를 잡고 방어했을 때
③　상대방의 유도복이나 띠를 이용하여 상대방의 왼팔을 반바퀴쯤 감아 상체를 제압하고
④　위고쳐누르기로 누른다.

❺ **기타 연결기술의 변화**

곁누르기 → 겨드랑이대팔꺾기
곁누르기 → 안아조르기
안아조르기 → 죽지걸어조르기
세로누르기 → 팔가로누워꺾기
위고쳐누르기 → 가로삼각조르기

2. 상대방의 기술 → 자기의 기술

❶ **가로누르기 → 위고쳐누르기**

①②상대방에게 가로누르기로 눌렸을 때는 오른손으로 상대방의 어깨너머 뒤쪽 띠를 잡고 왼쪽 팔꿈치를 끌어당겨, 상대방과의 공간을 만들고(새우처럼 된다)

③④왼손으로 넓적다리 안쪽의 바지가랑이를 잡고 몸을 제껴서, 누르려고 하는 상대방의 힘을 이용하여 머리 너머로 넘기고(상대방과 일직선이 되도록 몸을 이동시키면서 넘기면 좋다)

⑤⑥자기도 반전하여 일어나서 그대로 가로누르기로 누른다.

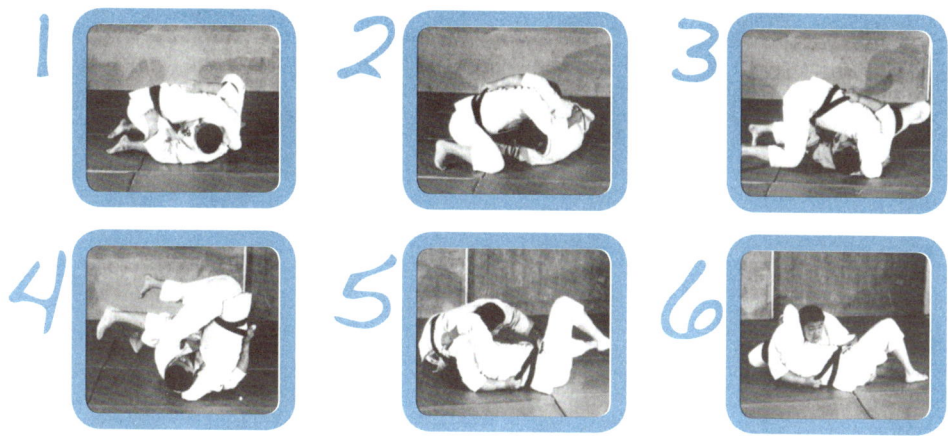

❷ 안아조르기 → 뒤곁누르기

① 자기가 엎드린 자세로 되어 있을 때 상대방이 옆에서 안아조르기 기술로 공격해 온다.
② 상대방이 오른손을 오른쪽 겨드랑이 밑으로 약간 깊게 들여미는 순간을 포착하여 오른쪽 겨드랑이를 끼고 오른쪽 허리를 내어
③④⑤ 자기가 회전하여 도는 순간 재빨리 왼팔로 상대방의 몸통을 껴안고 뒤곁누르기로 누른다.

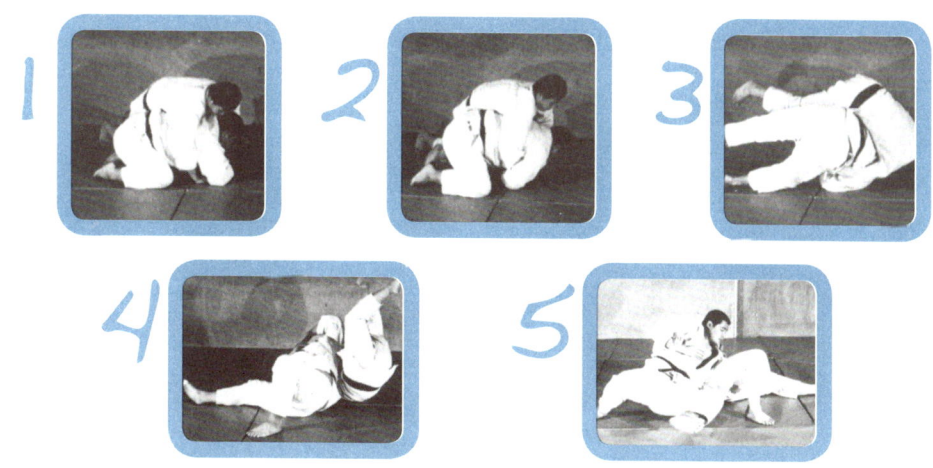

❸ 기타 연결기술의 변화

(상대방의 기술)	(자기의 기술)
가로누르기	→ 가로삼각조르기
위고쳐누르기	→ 안아조르기

[부록 1] · 유도 기술의 분류 ·

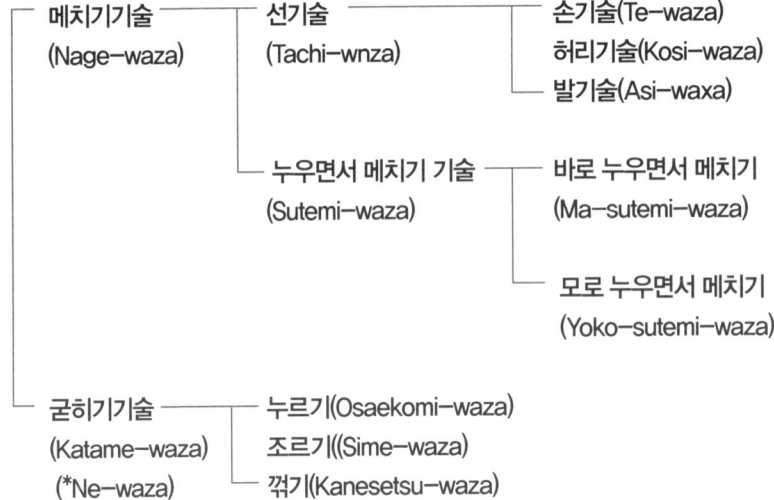

[부록 2] · 유도 기술 용어 ·

구 분	국내용어	국제용어
손기술 (TE-WAZA)	1 한팔업어치기 2 어깨로메치기 3 발목잡아메치기 4 안뒤축되치기 5 오금잡아메치기 6 다리잡아메치기 7 띠잡아떨어뜨리기 8 띠잡아뒤집기 9 업어치기 10 업어떨어뜨리기 11 다리들어메치기 12 모로떨어뜨리기 13 빗당겨치기 14 허벅다리비껴되치기 15 띄어치기 16 외깃잡아업어후리기	Ippon-seoi-nage Kata-guruma(Shoulder wheel) Kibisu-gaesi(Hill trip) Kouchi-gaesi(Small inner reaping counter) Kuchki-taosi(One hand drop) Morote-gari(Two hand reap) Obii-otosi(Belt drop) Obitori-gaesi Seoi-nage(Shoulder throw) Seoi-otosi(Shoulder drop) Sukui-nage(Sccoping throw) Sumi-otosi(Corner drop) Tai-otosi(Body drop) Uchimata-Sukasi(Inner thigh reaping throw) Uki-otosi(Floating drop) Yama-arasi(Mountain storm)
허리기술 (KOSI-WAZA)	17 허리튀기 18 허리후리기 19 허리돌리기 20 허리껴치기 21 소매들어허리채기 22 띠잡아허리채기 23 허리채기 24 허리띄기 25 뒤허리안아메치기 26 허리옮겨치기	Hane-gosi(Hip spring) Harai-gosi(Hip sweeping) Kosi-guruma(Hip wheel) O-gosi(Large hip) Sode-tsurikomi-gosi Tsuri-gosi((Lift-pull hip) Tsurikomi-gosi(Lift-pull hip) Uki-gosi(Floating hip) Usiro-gosi(Rear hip) Utsuri-gosi(Hip shift)
발기술 (ASI-WAZA)	27 다리대돌리기 28 나오는 발치기 29 허리튀기되치기 30 허리후리기되치기 31 발목후리기 32 무릎대돌리기 33 발뒤축걸기 34 발뒤축후리기 35 안뒤축후리기 36 허리대돌리기 37 모두걸기	Asi-guruma(Leg wheel) De-asi-barai(harai) (Advanced-foot sweep) Hane-gosi-gaesi(Hip spring counter) Harai-gosi-gaesi(Hip Sweeping counter) Harai tsurikomi-asi(Sweeping foot lift-pull throw) Hiza-guruma(Knee wheel) Kosoto-gake(Small outer hookng ankle throw) Kosoto-gari(Small outer reaping ankle throw) Kouchi-gari(Small inner reaping ankle throw) O-guruma((Large wheel) Okuri-asi-barai(harai) (Sweeping ankle throw)

구 분	국내용어	국제용어
	38 밭다리되치기	Osoto-gaesi(Large outer reaping counter)
	39 밭다리후리기	Osoto-gari(Large outer reaping)
	40 두밭다리걸기	Osoto-guruma(Large outer wheel)
	41 밭다리걸기	Osoto-otosi(Large outer drop)
	42 안다리되치기기	Ouchi-gaesi(Small inner reaping counter)
	43 안다리후리기기	Ouchio-gari(Large inner reaping)
	44 발목받치기	Sasae-tsurikomi-asi(Supporting foot-pull throw)
	45 모두걸기되치기	Tsubame-gaesi(Swallow counter)
	46 허벅다리걸기	Uchi-mata(Inner thigh reaping)
	47 허벅다리되치기	Uchi-mata-gaesi(Inner thigh reaping counter)
바로 누으며 메치기 기술 (MASUTEMI-WAZA)	48 끌어누우며되집기	Hikikomi-gaesi(Pulling throw)
	49 안오금띄기	Sumi-gaesi(Corner throw)
	50 뒤집어넘기기	Twara-gaesi(Straw bag throw)
	51 배대뒤치기	Tomoe-nage(Circular throw)
	52 누우면서던지기	Ura-nage(Back throw)
모로 누우며 메치기 기술 (MASUTEMI-WAZA)	53 허리안아돌리기	Daki-wakare(Holding separation)
	54 허리튀겨감아치기	Hane-makikomi(Spring wraparound throw)
	55 허리후리기감아치기	Harai-makikomi(Hip sweeping wraparound throw)
	56 안뒤축감아치기	Kouchi-makikomi
	57 밭다리감아치기	Osoto-makikomi(Large outsied wraparound throw)
	58 바깥감아치기	Soto-makikomi(Outer wraparound throw)
	59 오금대떨어뜨리기	Tani-otosi(Valley drop)
	60 안쪽감아치기	Uchi-makikomi(Inner wraparound throw)
	61 허벅다리감아치기	Uchi-mata-makikomi(Inner thigh wraparound throw)
	62 모로띄기	Uki-waza(Floatinɡ drow)
	63 모로돌리기	Yoko-guruma(Side wheel)
	64 모로걸기	Yoko-gake(Side body drop)
	65 옆으로떨어뜨리기	Yoko-otosi(Side drop)
	66 옆으로누우며던지기	Yoko-wakare(Side separation)
누르기 (OSAEKOMI-WAZA)	67 위누르기	Kami-siho-gatame(Top four corner hokd)
	68 어깨누르기	Kata-gatame(Shoulder hold)
	69 곁누르기	Kesa-gatame(Scarf hold)
	70 위고쳐누르기	Kuzure-kami-gatame(Variation of top four hold)
	71 고쳐곁누르기	Kuzure-kesa-gatame(Variation of scarf hold)
	72 세로누르기	Tate-siho-gatame(Sraighr four-corner hold)
	73 띄워누르기	Uki-gatame
	74 뒤곁누르기	Usiro-kesa gatame
	75 가로누르기	Yoko-siho-gatame(Sied four corner hold)

구 분	국내용어	국제용어
조르기 (SIME- WAZA)	76 역십자조르기 77 맨손조르가 78 죽지걸어조르기 79 외십자조르기 80 어깨로조르기 81 십자조르기 82 안아조르기 83 양손조르기 84 삼각조르기 85 소매깃잡기조르기 86 주먹조르기 87 팔얽어비틀기 88 다리대팔꺾기 89 배대팔꺾기 90 무릎대팔꺾기 91 팔가로누워꺾기 92 삼각팔꺾기 93 손대팔꺾기 94 어깨대팔꿈치꺾기 95 겨드랑이대팔꺾기	Gyaku-juji-jime(Reserve cross choke) Hataka-jime(Naked choke) Kataha-jime(Single-wing choke) Kata-juji-jime(Harg cross choke) Kata-te-jime(One-hand choke) Nami-juji-jime(Normal cross choke) Okuri-eri-jime(Sliding collar choke) Ryo-te-jime(Two hands choke) Sankaku-jime(Triangler choke) Sode guruma-jime(Sleeve wheel choke) Tsukukomi-jime(Thurst choke) Ude-garami(Entangled armlock) Ude-hisigi-asi armlock) Ude-hisigi-hara-gatame(Stomach armlock) Ude-hisigi-hisa-gatame(Knee armlock) Ude-hisigi-juji-gatame(Cross armlock) Ude-hisigi-sangakue-gatame(Triangler armlock) Ude hsigi-te-gatame(Hand armlock) 꺾기 Ude-hisigi-ude-gatame(Arm armlock) 꺾기 Ude-hisigi-waki-gatame(Armpit armlock)
금지기술 (KINSI -WAZA)	96 다리얽어비틀기 97 허리조르기 98 가위치기 99 안다리꼬아넘기기	Asi-garami(Kansetsu-waza) Do-jime(Sime-waza) Kani-basami(Yokosutemi-waza) Kawazu-gake(Yoko-sutemi-waza)

[부록3] · 한일 유도용어 대비표 ·

韓 國	日 本	韓 國	日 本
가로누르기	橫四方固	배대뒤치기	巴投
가로삼각조르기	橫三角絞	빠지는 법	返し方
걸기	掛け	세로누르기	縱四方固
겨드랑이	脇	안다리되치기	大內返
겨드랑이대팔꺾기	腋固	안다리후리기	大內刈
곁누르기	袈裟固	안뒤축감아치기	小內卷
기울이기	崩し	안뒤축후리기	小內刈
끌어누우며되집기	引入返	안아조르기	送襟絞
나오는발치기	出足拂	어깨	肩
낙법	受身	어깨로메치기	肩車
낚아채는손	釣り手	어깨누르기	肩固
누우면서던지기	裏投	업어치기	背負投
누우면서메치기	捨身技	옆구리	脇腹
당기는 손	引き手	오금대떨어뜨리기	谷落
대련	取亂	위고쳐누르기	崩上四方固
뒤곁누르기	後袈裟固	위누르기	上四方固
뒤허리안아메치기	後腰	잡기	取り
띄어치기	浮落	죽지걸어조르기	片羽絞
맞잡기	組方	치기	拂い
모두걸기	送足拂	팔가로누워꺾기	腕挫十字固
모로돌기	橫車	팔얽어비틀기	腕緘
무릎대돌리기	膝車	팔업어치기	一本背負投
받기	受け	허리기술	腰技
받치기	支え	허리껴치기	大腰
발뒤축걸기	小外掛	허리돌리기	腰車
발뒤축후리기	小外刈	허리띠기	浮腰
발후리기	足拂	허리옮기기	移腰
밭다리걸기	大外落	허리튀기	跳腰
밭다리되치기	大外返	허리후리기	拂腰
밭다리후리기	大外刈	허벅다리걸기	內股
		후리기	刈り

入門시리즈
柔道

발행인 남 용
편저자 佐藤 宣踐 · 橋本 敏明 著
　　　　 스포츠서적편집실
발행처 일신서적출판사
주　소 서울시 마포구 신수동 177-3
등　록 1969년 9월 12일 (No. 10-70)
전　화 02) 703-3001~5 (영업부)
　　　　 02) 703-3006~7 (편집부)
F A X 02) 703-3009

ISBN 978-89-366-0927-6

이책과 관련된 모든 저작권 및 판권은 본사가 소유하고 있으므로
무단 복제 및 책의 내용 전부는 물론 일부 사용을 금합니다.

©ILSIN PUBLISHING Co.　　값 12,000원